Marketing en Redes Sociales

Una Guía Esencial para Construir una Marca Usando Facebook, YouTube, Instagram, Snapchat y Twitter, Incluyendo Consejos sobre Marca Personal, Publicidad, e Influencers

Índice de Contenidos

Introducción

Usted sabe por qué está aquí. Es consciente de la importancia del marketing en redes sociales y su potencial en 2021, y quiere usar esta asombrosa herramienta para crear estrategias de contenido para lograr el reconocimiento de su marca y más ventas. ¿Pero cómo hacer eso exactamente, y por dónde empezar?

En este libro encontrará consejos y trucos actualizados, así como estrategias de expertos que ayudarán a su marca a dejar su huella en las plataformas de redes sociales durante este año. Aunque contiene algunos enfoques avanzados, es una lectura sencilla que le ayudará a maniobrar sin esfuerzo a través de los trucos más difíciles.

Hoy en día todo negocio se vuelca a las redes sociales para acelerar su desempeño y atraer a más clientes, lo cual es sabio. Pero están sucediendo tantas cosas con las plataformas de redes sociales en este momento, como la introducción de nuevas funciones cada año, las marcas usando máxima creatividad para atraer a sus seguidores, y el auge de nuevas compañías e influencers que forjan sus nichos, que puede sentirse abrumador tratar de destacar en un mercado tan saturado. Aquí es donde este libro viene a su rescate. Cada página consiste en tácticas bien versadas que cambiarán la forma en que interactúa con sus clientes, ayudándole a crear una imagen de marca que de otra forma no hubiera imaginado.

Si recién está comenzando, o simplemente pensando en comenzar, con marketing en redes sociales, quizás no conozca la importancia de esas plataformas. Es posible que también se haya preguntado "¿son las redes sociales realmente importantes para mi negocio?". La respuesta a esa pregunta es siempre "¡sí!". El marketing en redes sociales es necesario para todas las disciplinas que prosperan hoy en día. Por otro lado, si usted es un especialista en marketing destacado, o un emprendedor familiarizado con el mundo de las redes sociales, ya sabe que la mayoría de sus clientes las utilizan, y le ofrecen la oportunidad de generar más ventas. Entonces, ¿por qué no utilizar esas herramientas gratuitas a su favor?

Las redes sociales pueden proveer muchos beneficios a usted y a su marca, algunos de ellos incluyen construir una imagen de marca, expandir los productos y principios de su marca por el mundo, liberar su potencial creativo, ofrecer un mejor servicio al cliente, mostrar la autenticidad de su marca, y construir su presencia en el mundo digital de la actualidad. Su sitio web y cuentas de redes sociales son las primeras cosas que sus clientes revisarán antes de confiar en sus productos y servicios, y ha llegado al libro correcto para ayudarlo a crear esa gran primera impresión en línea.

Es tiempo de tomar a las redes sociales más en serio y pensar en ellas como algo más que una moda pasajera. No es de extrañar que existan cursos especializados en el ámbito, y ofertas de trabajo que solicitan administradores y estrategas de redes sociales para hacerse cargo del departamento de redes sociales de una compañía. Este libro le ayudará a comprender muchos consejos de profesionales que le permitirán manejar el marketing en redes sociales de su marca sin tener que contratar equipos de expertos. Al usar este lienzo en blanco, podrá crear su propia comunidad o culto y seguir su propio estilo mientras lo hace. Lo guiará a través de los desafíos de presentar el mejor contenido que tiene para ofrecer.

Continúe leyendo para sobresalir en el marketing en redes sociales y construcción de marca en 2021, con este completo plan para el éxito.

Capítulo 1: ¿Por Qué las Redes Sociales (Aún) Son Importantes?

En cualquier día, en cualquier momento, siempre encontrará personas mirando sus teléfonos, navegando a través de las redes sociales. Las redes sociales se han convertido en un mundo virtual al que muchas personas escapan, y estas son personalizadas de acuerdo a las personas y páginas que la gente escoge seguir. Entonces, si usted se pregunta por qué las redes sociales son importantes, aquí hay algunos datos que ayudarán a zanjar el asunto. ¿Por qué las redes sociales? Bien, porque el uso de las redes sociales alrededor del mundo está en constante crecimiento. Desde 2004, el número de usuarios ha aumentado cada año, haciéndolas un recurso fácil que debe ser aprovechado. Se sorprendería al saber que, en 2019, el número de usuarios de Internet aumentó en un sorprendente 9,1 por ciento hasta un total de 4.388 millones de usuarios. ¿Se imaginaría tener a todas esas personas al alcance y no intentar aprovecharlas al máximo para su negocio? No solo eso, también de esos usuarios de internet, 3.484 millones estaban en redes sociales, un 9 por ciento más que en el año anterior. Una de las principales razones de por qué las redes sociales son tan accesibles, es porque los teléfonos inteligentes han hecho posible que las personas puedan acceder a cualquier aplicación solo con presionar un botón.

Entonces, la siguiente pregunta que debe hacerse aquí es: *¿Cómo pueden las redes sociales ser beneficiosas para un negocio?* Bien, continúe leyendo para aprender acerca de las ventajas de usar redes sociales para fines profesionales.

Conectando con Potenciales Clientes

Una de las mejores maneras para familiarizar a los clientes con su empresa y con lo que tiene para ofrecer es a través de redes sociales. Con tantas personas usando las redes sociales cada día, es fácil dirigirse a sus clientes y alcanzarlos donde es más probable que se encuentren; en plataformas de redes sociales. Una persona promedio pasa al menos dos horas y 22 minutos por día en redes sociales, navegando a través de su feed, enviando mensajes a sus amigos, y tratando de publicar la foto perfecta del desayuno.

Debido a la cantidad de tiempo que se pasa en las redes sociales, estas se han convertido en un recurso vital que puede aprovecharse para alcanzar al público adecuado. Dependiendo de su público objetivo y del producto o servicio que ofrece su empresa, la importancia de cada plataforma será diferente para encontrar clientes potenciales. Sin embargo, para mantener una imagen sólida, debe tener una sólida presencia en línea, lo que nos lleva al siguiente punto.

Mejorando Su Reputación

Imagine navegar por su feed, y aparece una publicación patrocinada de algo que realmente le interesa. ¿Qué es lo primero que hace? Hacer clic en la publicación y echar un vistazo a la cuenta, por supuesto. En esa fracción de segundo, el número de seguidores que tenga su cuenta comercial tendrá un fuerte impacto en si el usuario continuará o no desplazándose por su feed.

Lamentablemente, las redes sociales le han dado al usuario la habilidad de juzgar un libro por su portada. En este caso, el número de seguidores y publicaciones, la cantidad de interacciones, y la apariencia general de sus cuentas de redes sociales. Estas serán instantáneamente una indicación de qué tan legítimo es su negocio y si vale la pena tomarse el tiempo de revisar o no su feed. Es triste que se haya llegado a esto, pero es lo que es, y como el dueño de un negocio, debe asegurarse que su presencia en línea sea una buena indicación de su confiable negocio. Debe asegurarse que su presencia online sea lo suficientemente sólida para lograr que los potenciales clientes se queden.

Marketing en Redes Sociales

¿Sigue existiendo el marketing en redes sociales? ¡Sí! Y sigue siendo tan eficaz como siempre. Sin embargo, antes de invertir en marketing en redes sociales, debe familiarizarse con dos cosas: entender el algoritmo de la plataforma que está usando para publicitar, y optimizar las herramientas a su favor dirigiéndose correctamente a la audiencia para alcanzar los datos demográficos, edad, género y otras especificaciones que puede usar para filtrar su audiencia.

Con el marketing en redes sociales, podrá alcanzar a una gama más amplia de usuarios con mejores apuestas, ya que está más orientado y dirigido a usuarios reales que parecen encajar en el perfil correcto. No solo eso, sino que también es un medio más económico, ya que solo debe asignar un muy pequeño presupuesto por publicación en vez de gastar enormes sumas de dinero en otras formas de marketing y publicidad. En los siguientes capítulos se le otorgará una explicación detallada acerca de cómo usar cada plataforma de redes sociales a su favor, y qué plataforma es la más adecuada para su tipo de negocio.

Mejorando su SEO

Optimizar su SEO es importante para darle a su negocio la posibilidad de ser visto en las primeras páginas de una búsqueda en Google. Usando las palabras clave correctas en su sitio web es solo una forma de optimizar su ranking SEO en Google y hacer su sitio web o plataformas de redes sociales más visibles. Sin embargo, otra forma de ganar ventaja y dirigir más tráfico a su sitio es usando las redes sociales. Debido a que el ranking SEO también considera la usabilidad y la interacción que tienen lugar en las plataformas sociales de su compañía, este reconoce la interacción como una indicación de la confianza de su negocio, dándole aún más impulso en términos de SEO.

Mientras más presente esté en redes sociales, más probable es que capte la atención de un potencial cliente, y logre que aquel potencial cliente visite el sitio web o perfil de su compañía para conocer más. Esto no solo le otorga más clics a su sitio, lo que mejora el ranking SEO, pero también pavimenta el camino para que sus clientes lleguen a sus productos o servicios, llevándolos un paso más cerca de concretar una compra. Ese es el motivo por el cual es esencial hacer que su contenido sea identificable, atractivo e interesante a su público objetivo, mientras siempre continúe optimizando las palabras clave necesarias para mejorar su SEO y hacer que para los nuevos clientes sea más fácil encontrar su negocio.

Opiniones de Clientes

Si bien algunas personas visitan las cuentas de redes sociales de un negocio para obtener una idea de qué tienen para ofrecer, otros las usan para obtener opiniones respecto a los productos o servicios de dicho negocio. Las redes sociales han hecho que para las personas sea más fácil expresar sus opiniones sin sentirse avergonzados, dado que no lo hacen en persona, sino a través de una plataforma virtual donde nunca ven a quienes están criticando o elogiando.

Supongamos que un potencial cliente se encuentra con sus productos y está interesado en comprarlos; en lugar de decidir por un capricho, es altamente probable que decida visitar sus plataformas de redes sociales y ver si otros clientes han dejado sus opiniones, o incluso se desplazarán por sus publicaciones para ver si hay comentarios negativos o positivos de usuarios anteriores. Las opiniones que encuentren afectarán enormemente su decisión; podrían ayudar a eliminar las dudas y escepticismo que tenga y animarlo a hacer una compra, o bien lo disuadirá completamente y le hará perder un cliente para siempre. Es por ello que es imperativo que maneje las opiniones de los usuarios con cuidado, y siempre se asegure que su negocio responda a cualquier comentario negativo con profesionalismo. Necesita manejar la situación de la manera más inteligente posible para impedir que tenga un impacto en otros clientes y arruine la reputación de su negocio. Recuerde que los comentarios de los clientes son un arma de doble filo, que tiene el poder de hacer o deshacer su reputación, y en consecuencia afectar su negocio.

Construyendo Relaciones con Sus Clientes

Ser activo en redes sociales les permite a sus clientes obtener un mejor entendimiento de su identidad, no solo a través de los productos o servicios que ofrece, sino también el tono de voz que usa. Esto les ayuda a relacionarse más con su negocio, y por lo tanto este se vuelve más interactivo. Cuando un cliente ve sus publicaciones con frecuencia, e interactúa regularmente con ellas, se forma una relación virtual, haciendo que la conexión entre dicho cliente y su marca se vuelva más sólida. Usar este concepto a su favor le ayudará a generar mejor contenido en redes sociales, y le permitirá conocer a sus clientes a un nivel más personal.

Las redes sociales le otorgan la habilidad de monitorear y analizar qué hace eco con los clientes y le ayuda a mejorar sus productos, servicios, y publicaciones de redes sociales para satisfacer sus gustos.

Mientras más atractivo sea su contenido, más sólida será la relación con sus clientes. En consecuencia, usted podrá conocer los intereses, personajes, y en general qué es lo que atrae a sus clientes. También se dará cuenta de que a medida que el vínculo se fortalece, aumentará el sentido de lealtad del cliente hacia su marca, haciendo que se inclinen más a quedarse con sus productos en lugar de los de sus competidores.

Las Redes Sociales son Alegres y Divertidas

Existe mucho más que se puede hacer en las redes sociales aparte de postear videos e imágenes. A través de ellas puede lanzar campañas interactivas, dándole a su audiencia una oportunidad para participar creando videos, realizando cuestionarios, o tomar fotografías creativas de ellos usando sus productos. Esto no solo le otorga a su audiencia la oportunidad de ser creativa y divertirse con su marca, también les ayuda a promocionar su marca a través de sus propios medios sociales a medida que etiquetan a sus amigos o publican cualquier cosa que hayan creado en sus plataformas.

Con las redes sociales, usted tiene la libertad de probar diferentes medios, haciendo que su marca sea identificada como divertida, interactiva, y agradable de seguir. También le permite ser oportuno y usar temas de tendencia a su favor en una manera divertida que hace que su marca sea incluso más atractiva para su audiencia. Además, permitir que la gente participe con su contenido para obtener una recompensa es una excelente y económica opción de marketing que es extremadamente fácil y eficaz, gracias a las redes sociales.

Impulsando las Ventas

Si quiere impulsar sus ventas, no es suficiente tener solo una página web. Usar las redes sociales puede realmente ayudar a generar más ventas, ya que tienden a humanizar su marca e incrementar la lealtad hacia ella, así como alcanzar un público más amplio. En lugar de que los clientes vayan a usted, las redes sociales le permiten insertarse en sus feed. A medida que los usuarios navegan por sus feeds y ven las publicaciones de su negocio, se les recuerda constantemente los productos o servicios que usted ofrece, manteniendo su marca en sus mentes. Esto les permite acumular más conocimiento sobre su marca y productos, y recomendarlos fácilmente a aquellos quienes les rodean cuando se les pregunta acerca de alguna empresa que provea sus servicios. Mientras más exposición tenga su marca en redes sociales, mayor será la cantidad de ventas que generará.

Colaborando con Otras Organizaciones

Debido a que todos están conectados en las redes sociales, para su negocio puede hacerse extremadamente fácil alcanzar potenciales compañías que considera que son una buena combinación, y así unir fuerzas en una colaboración para traer a sus clientes algo innovador, emocionante y nuevo. No solo eso, también puede llegar a un público objetivo totalmente diferente, o alcanzar uno más amplio, al colaborar con influencers y haciendo que promocionen su marca o participar en una campaña específica.

Hay muchas maneras en que las redes sociales pueden ser beneficiosas para fines comerciales. Esto las hace no solo útiles, sino que hace que sea imperativo para una empresa tener una sólida presencia en las redes sociales, y poner un real esfuerzo para aprovechar el marketing en redes sociales. Es una herramienta fácil y efectiva que requiere recursos mínimos y genera excelentes resultados, así como información y análisis detallados que ayudan a asegurar que su marca esté yendo en la dirección correcta de acuerdo a lo que requiere el mercado.

Capítulo 2: Cambios a Esperar

Si bien la última década fue testigo de un espectacular aumento en el uso de las redes sociales y su enorme tráfico, rápidamente los especialistas y agencias en marketing de contenidos están obteniendo beneficios de ello. En un comienzo las redes sociales eran usadas solo para entretenimiento y para compartir los momentos favoritos de sus usuarios, pero ahora se han convertido en una importante herramienta comercial para las compañías de casi todas las disciplinas. Una parte de la población mundial ha hecho de las redes sociales su trabajo a tiempo completo, generando millones por crear y compartir contenido.

Además de varias oportunidades de trabajo, las plataformas de redes sociales le están dando a las personas una oportunidad de mostrar su talento al mundo. Las compañías están logrando ventas a través de las redes sociales como nunca antes. Y esto solo aumentará en el presente año y en el futuro, tanto que las empresas están contratando administradores de redes sociales y especialistas en marketing de contenidos solo para hacerse cargo de sus plataformas de redes sociales. Mientras los millennials ya están en el blanco, la Generación Z está lista para hacerse cargo de la disciplina comercial, lo que se suma a la inventiva y originalidad de las facetas de marketing en redes sociales a lo largo de varias plataformas.

En 2021 las redes sociales continuarán floreciendo, aunque muchos cambios se esperan. Usted también puede beneficiarse de ellos. Este capítulo se concentrará en todos los cambios que podrían ocurrir este año, algunos de los cuales pueden dirigirse completamente hacia el aumento de participación. El año 2017 fue testigo de un enorme crecimiento en la cantidad de usuarios de redes sociales, con alrededor de un millón de personas uniéndose a varias plataformas cada día, y esto parece que no se detendrá en el corto plazo. Con este aumento de participación, las plataformas de redes sociales como Facebook, Instagram, YouTube, Snapchat y Twitter están experimentando rápidamente con cambios técnicos específicos que mejoran la experiencia del usuario. Estos cambios también están siendo implementados debidos a brechas de privacidad, un aumento en las cuentas falsas, hackers, y la transmisión de noticias falsas.

Debe estar al tanto de estos cambios en el algoritmo, ya que podrían afectar importantemente su proceso de marketing.

Cambios a Esperar a lo Largo de Todas las Plataformas de Redes Sociales

Las redes sociales experimentan colectivamente algunos cambios durante este año, con algunas de estas plataformas haciendo algunas modificaciones estándar. Esto no solo afectará el hábito de los usuarios, también afectará masivamente las estrategias de marketing y los enfoques comerciales.

Todos vieron cuando Facebook e Instagram agregaron la función de las historias hace algunos años, apoderándose de la totalidad del concepto de participación de Snapchat, lo que ahora se ha convertido en una enorme táctica de participación para aumentar la cantidad de seguidores y likes. Esto es porque las historias fueron desarrolladas para lograr un fácil acceso, mejorando la experiencia del usuario. Las historias son contenido temporalmente producido y visualmente interactivo, y es fácil para los usuarios ver el contenido en pantalla completa sin tener que rotar el teléfono. Estos fueron los principales factores para que las historias tuvieran un gran éxito como función. Y, por tanto, muchos bloggers las usan como una forma creativa para contar historias, manteniendo a sus seguidores involucrados.

Este es un buen ejemplo de cómo las plataformas de redes sociales se están dando cuenta de la importancia de la mentalidad del usuario, y sugieren algunos cambios en sus funciones implementando avances tecnológicos e inteligencia artificial.

Aumento en la Privacidad

El uso de las redes sociales ha expuesto públicamente las vidas personales de sus usuarios, lo que puede ser una amenaza. Con las recientes acusaciones a Facebook de filtraciones de datos, la red social está en camino a desarrollar una red más segura y privada, la que se espera para fines de este año. No solo Facebook, también muchas plataformas líderes se encuentran alarmadas y cautelosas respecto al aumento de la privacidad para generar mejores números y calificaciones. Cuando se registra en cualquier red social, debe proveer información general que es almacenada por las respectivas compañías. Si bien esto no puede ser evitado por completo, las personas están interesadas en conocer las acciones que estos gigantes están tomando para prometer una mejor seguridad. Esto no solo establecerá confianza en la marca, también inducirá un sentimiento de regulaciones mejoradas para las personas que actualmente son parte de las redes más grandes.

Concentración en Algoritmos Mejorados

Para que cualquier plataforma de redes sociales sea exitosa, el algoritmo de inteligencia artificial debe alinearse con el algoritmo humano que es la experiencia del usuario y la intención. Esto es básicamente lo que un humano espera y, en consecuencia, este trae las posibilidades correspondientes de la plataforma. En lugar de pensar en la parte computacional, los gigantes tecnológicos están diseñando sus algoritmos para que estén más centrados en los humanos y sean más relevantes. Incluso si las cuentas pierden entusiasmo respecto a las publicaciones individuales, aún podrían ganar más seguidores y prometer una mejor experiencia del usuario en general. Si este cambio es implementado rápidamente, esto podría afectar el involucramiento del público En este caso, debe seguir tácticas que mantengan el interés de su audiencia y reconozcan publicaciones individuales por su creatividad y originalidad, mientras se familiariza con los conceptos de un algoritmo humano para alcanzar su público deseado y obtener más seguidores.

Usar Inteligencia Artificial para Filtrar las Noticias Falsas

Una de las principales razones por las cuales los usuarios usualmente no confían en las redes sociales en lo que respecta a actualidad e información actualizada, es por la propagación de noticias falsas. La información falsa puede afectar significativamente el sentido de percepción de las personas, y es por eso que los gigantes de las redes sociales y los desarrolladores están dependiendo de la inteligencia artificial para filtrar las noticias falsas y segmentar los datos para presentar información precisa y confiable. Con una inconmensurable cantidad de contenido creado y publicado en redes sociales, las personas necesitan un sistema utilitario de inteligencia artificial dentro del algoritmo para descifrar estos complejos datos y limpiarlos para obtener resultados legítimos.

Cambios a Esperar de Plataformas Específicas

Aquí se mostrará como algunas redes sociales individuales se encuentran experimentando con cambios y agregando funciones. Algunas de ellas ya se han implementado o serán implementadas pronto:

Instagram

- **Esconder los Likes**

Instagram ha estado probando esta nueva función de esconder los likes de las publicaciones en países como Italia, Australia, Irlanda y Japón desde el año 2019. Si bien los hackers y bots se arrastran lentamente para aumentar los falsos seguidores y likes, las empresas y creadores que producen contenido genuino han sido afectadas. También, la nueva generación es altamente afectada por el número de likes obtenidos por sus publicaciones y contenido, lo que los obliga a compararse con otros. Finalmente, el resultado es decepcionante y provoca dudas en ellos mismos. Para hacer la experiencia más auténtica, Instagram está trabajando en esconder los likes de las publicaciones. Usted, como el dueño de su cuenta y contenido, puede ver el número de likes. Dependiendo del tipo de disciplina en la que esté, esto puede o no afectar sus estrategias de marketing. Por ejemplo, si usted es un emprendedor, debe concentrarse más en su número de seguidores que de likes. Pero si es un influencer, su trabajo y generación de contenido podría verse afectada de cierta forma.

- **Herramientas Comerciales Mejoradas**

A pesar de que Instagram ha mejorado enormemente su función de herramientas comerciales en los últimos años, podría haber cambios mayores y mejores en este año. Muchas compañías actualmente manejan sus negocios mediante Instagram, y también posiblemente este es el motivo por el cual usted está aquí. Cambiarse a una cuenta comercial en lugar de una personal le otorga beneficios adicionales como información sobre la participación de los usuarios, interacción de la audiencia con publicaciones individuales, y contacto directo con potenciales clientes. Este año, podría ver un servicio al cliente mejorado y estadísticas mejoradas, ayudándole a generar más ingresos.

Facebook

● **Concentración en Grupos**

Facebook ha estado trabajando en mejorar su función de grupos para mejorar la experiencia del usuario desde 2017. Con complementos útiles como Watch Party y Facebook Pixel, los usuarios pudieron mejorar su experiencia de participación en el contenido. Algunas adiciones y cambios de diseño hechos en 2019 también demostraron ser útiles. Atrajeron a más personas a esta función aumentada e incrementaron la interacción. Este año, espere un impulso adicional en la pestaña de grupos que despertará el interés de los usuarios y ayudará a que su negocio crezca a través de las redes sociales.

● **Criptomoneda y Facebook Pay**

Facebook se encuentra listo para lanzar Calibra, su billetera propia, para introducir su propio sistema global de pagos. La moneda digital de Facebook se llama Libra, y busca cambiar y dominar los pagos alrededor del mundo. También está diseñada para ser usada en transacciones normales como pagar las cuentas de las compras, sin costos de transacción. Calibra se integrará en Facebook, Messenger y WhatsApp. Esto afectará enormemente las formas de realizar transacciones comerciales.

YouTube

● **Anuncios que No Puede Omitir**

A pesar de que las personas ya se dieron cuenta de que esto fue agregado a comienzos de 2019, YouTube busca extender esta práctica porque más personas están usando la aplicación en sus televisores inteligentes. Esto puede mejorar su experiencia de streaming y otorgarle oportunidades para presentar su contenido a un mayor público. Con la adición del bloque de anuncios TrueView, puede incorporar sin problemas la creatividad originalmente pensada para telespectadores.

- **Creación de Contenido Original**

La gente ha visto a YouTube lanzando contenido original con sus propias series y eventos en vivo siendo transmitidos por la plataforma. Si bien ya no existe un muro de pago premium, la plataforma podría invertir más en producir este tipo de contenido original durante este año. Esto también es producido con versatilidad y diversidad en mente. Esto marca la importancia de la originalidad del contenido, especialmente en la publicidad. Usted realmente necesita enfocarse en este aspecto si planea usar YouTube como una de sus plataformas primarias de marketing.

Snapchat

- **Filtros de Realidad Aumentada Mejorados**

La realidad aumentada está en auge en esta era impulsada por la tecnología, con las redes sociales interesadas en traspasar la experiencia a sus usuarios. Snapchat siempre ha sido, y probablemente seguirá siendo, la plataforma líder en el uso de esta herramienta. Con herramientas creativas, plantillas interactivas, e incluso el uso de la geolocalización, Snapchat hace que las personas piensen, "¿qué vendrá después?".

La plataforma recientemente estrechó la mano con una startup de visión artificial, AI Factory, la que ayudará a mejorar las funciones existentes y crear herramientas interactivas viables. También puede esperar algunos cómicos filtros de Realidad Aumentada que probablemente se viralizarán.

- **Herramientas de Anuncios**

Snapchat está realmente intensificando su aspecto publicitario con la reciente introducción de Dynamic Ads. Aún está experimentando con formatos actualizados que podrán ser lanzados a finales de este año. La función de Dynamic Ads puede ser extremadamente útil para especialistas en marketing y creadores de contenidos que tratan de vender productos o servicios. Estas son ajustadas para cambiar información particular de cada producto y presentarla de la manera más creativa y verdadera. Puede elegir entre un amplio espectro de plantillas disponibles que funcionan como catálogos completos de productos para todas las disciplinas, y han resultado exitosas en capturar la atención de los usuarios. Con mejores experiencias en anuncios esperadas para este año, podría realmente beneficiarse de esta función dirigiéndose a los usuarios más jóvenes, quienes constituyen la mayoría de las personas que utilizan la plataforma.

Twitter

●Cambiar Cuentas al Responder

Una posible función que será estrenada este año podría ser la habilidad de cambiar cuentas mientras responde a un tweet. Esto podría ayudar a responder a potenciales clientes, usando ambas cuentas de manera espontánea. Si bien esta función era solo un experimento, es posible que se vuelva permanente este año.

● Twittear a Temas o Amigos Específicos

Dantley Davis, el vicepresidente del departamento de diseño e investigación de Twitter, recientemente mostró una lista de posibles funciones que podrían ser introducidas este año. Uno de los aspectos más destacados fue la función de twittear a personas, amigos o hashtags específicos. Esto le permitirá twittear en temas específicos o promocionar su negocio en segmentos usando hashtags particulares o dirigiéndose a su grupo de público. Está pensada para prevenir el spam y dirigirse a los usuarios verdaderamente curiosos. Sin embargo, también podría abrir el potencial de formar discusiones o grupos privados, así como Facebook. En ese caso, tendrá que canalizar inteligentemente sus estrategias en la dirección correcta.

Como puede ver, muchos de estos cambios previsibles en todas las plataformas de redes sociales podrían beneficiar sus estrategias de marketing, mientras que algunas de ellas deben ser moldeadas y orientarse en su beneficio. Funciones mejoradas como un servicio al cliente refinado, más anuncios por todas las plataformas, y herramientas comerciales e interactivas mejoradas, pueden hacer que el marketing de su empresa sea más poderoso que nunca.

Capítulo 3: Tendencias de las Redes Sociales para 2021

Cuando empieza a pensar que las redes sociales han alcanzado su punto máximo, estas tienden a mejorar y demostrar que está equivocado. Los últimos cinco a siete años han sido testigos de un dramático crecimiento en el uso de las redes sociales, con especialistas en marketing y marcas haciendo de estas plataformas su principal base publicitaria. Si usted recién se está integrando a este juego, debe adelantarse. Si bien ya está al tanto de los cambios que ocurrirán en las redes sociales durante este año, aquí hay algunas de las tendencias que deberá seguir para sobresalir y generar mayores oportunidades.

Tendencia 1: Narraciones Poderosas

El poder de la publicidad auténtica fue revelado en la última década, con agencias y marcas creando contenido que exudaba creatividad y originalidad. Las personas pueden anticiparse a cómo el público puede verse atraído hacia la publicidad y marketing que es pura genialidad.

Aquí es como usted puede captar la atención de su audiencia con una narración y poderosa:

Personalización

Usted sabe que su historia dará en el blanco cuando la mayoría de su público puede verse reflejada en ella. A pesar de ser considerada una táctica subvalorada, la personalización puede realmente ser decisiva para usted. Muchos especialistas en marketing se están dando cuenta ahora de esto y lo están usando dentro de las fases de sus estrategias. No solo le ayuda a su audiencia a tomar una decisión de compra más inteligente, también les deja una gran impresión. Posiblemente se percató cómo Spotify estrenó estadísticas personalizadas para cada usuario a finales de 2019. Esta fue una excelente manera de generar una mayor interacción, y Spotify fue tremendamente exitosa al lograrlo.

Apelando a los Asuntos de Actualidad

Mantenerse al día con las noticias de momento y usarlas a su favor es otra estrategia poco valorada, pero poderosa, que puede usarse en un plan de marketing académico. Un gran ejemplo de una marca que hace publicidad inteligente y usa narraciones poderosas, principalmente a través de hechos de actualidad es Burger King. Una reciente noticia que hablaba del Príncipe Harry y Meghan Markle renunciando a sus altos cargos reales fue vista por la marca como una genial táctica de marketing. Ellos instantáneamente twittearon "@harry, esta familia real ofrece trabajos a tiempo parcial" y "usted puede continuar comiendo como un rey como nosotros, Harry". Si bien algunos seguidores elogiaron a Burger King por su genial sincronización, otros criticaron a la marca por cruzar la línea. En ambos casos, la empresa logró suficiente publicidad a través de una mayor participación de la audiencia, que eventualmente ayudó a su negocio.

Usando Humor

Públicos de todas las edades pueden relacionarse con la comedia y el humor, dependiendo en su contexto y tema. Ya es hora de que usted también comprenda el valor del humor; puede usarlo activamente este año dentro de su contenido. Dos marcas que se han apoderado de Twitter y Facebook con sus frases divertidas, subidas de fotografías inteligentes, y respuestas ingeniosas son Taco Bell y Old Spice. Una reciente riña entre Taco Bell y Old Spice en Twitter captó el interés de sus públicos y aumentó significativamente su participación. Usar el humor muestra que su marca es auténtica, humana y relevante.

Tendencia 2: Contenido de Video y Participación

Es verdad, las imágenes y los textos pueden ser interactivos hasta cierto punto, pero el contenido en video triunfa en atraer a su audiencia. Crea más interacción y participación de la audiencia. Casi todas las plataformas de redes sociales como YouTube (obviamente), Facebook, Instagram, Snapchat e incluso Twitter han sido testigos de una participación ejemplar a través del contenido en video, con más contenido compartido, likes y comentarios. Como especialista en marketing, debe aprovechar más la generación de contenido de video en comparación con las imágenes, especialmente este año. En lugar de leer un párrafo largo, los usuarios están más interesados en aprender más de su producto a través de un video. Con alrededor del 81 por ciento de las marcas usando contenido de video para aumentar el involucramiento, durante los próximos años el 82 por ciento del tráfico en línea será contenido en video.

Si su contenido fue hecho más interactivo y atractivo, las personas estarán más entusiasmadas en comprar sus productos. Hasta ahora, los especialistas en marketing creían que los videos más cortos podían atraer más al público, lo que cambiará completamente de aquí en adelante. Videos de más de cinco minutos atraerán usuarios con la conexión emocional construida a medio camino (dependiendo del tipo de contenido, por supuesto). Además, los videos de 360 grados harán furor entre los especialistas en marketing. Aproveche esto antes de que sus competidores descubran su potencial.

Trend 3: Aumento del Marketing de Influencers

El aumento en las redes sociales también ha sido testigo de un aumento en los influencers. En este momento, las personas hacen lo que aman y se les paga por ello. Muchos influencers han encontrado su pasión y reconocido su talento usando plataformas de redes sociales. Muchos bloggers de belleza, moda, viajes y comida han superado sus inseguridades y han construido sus propias comunidades en estas plataformas. Con su aumento en popularidad, las marcas están aprovechando al máximo su alcance en la audiencia. Posiblemente se ha encontrado con muchas marcas e influencers colaborando en un producto, lo que beneficia enormemente a ambas partes. Los influencers obtienen considerables cheques por hacer promociones, especialmente las blogueras de moda y belleza. Los medios preferidos para hacer esto son Instagram y YouTube.

De acuerdo a un estudio hecho por Hootsuite, un 48 por ciento de los clientes usaban celebridades para promocionar productos, y un 45 por ciento usaba micro-influencers para alcanzar un público más pequeño, pero más involucrado.

Este año, las personas pueden esperar un importante cambio en todos los influencers. Cada vez más bloggers se están inclinando a promocionar sus propias marcas y blogs en lugar de promocionar otros negocios. Las personas también pueden esperar muchas colaboraciones, con algunas muy importantes protagonizadas por influencers de alto nivel para lograr un mega compromiso. En lo que respecta a las agencias de marketing, probablemente continuarán estableciendo presupuestos para auspiciar influencers que buscan contenido extra y jugosos pagos. Básicamente, no hay nada que detenga a los influencers en 2021 y durante muchos años más.

Tendencia 4: Historias y Videos IGTV

El capítulo anterior habló acerca de cómo las historias han sido un enorme éxito como una nueva función para atraer usuarios. Usar este impresionante complemento para promocionar su contenido promete un enorme éxito para este año. Mientras Snapchat introdujo el concepto inicial de contenido que desaparece, Instagram, Facebook y WhatsApp incorporaron esta función en sus redes para mejorar la experiencia del usuario y aumentar la participación. Sin embargo, Instagram está constantemente actualizando esta función, haciéndola útil para agencias de marketing e influencers.

Con herramientas innovadoras como fuentes coloridas, funciones de arte, filtros, stickers y boomerangs, las historias se han vuelto extremadamente populares, y también estarán para quedarse en 2021. Puede realizar promociones cruzadas de sus publicaciones a través de historias, o enlazar su página web con sus historias para conseguir más seguidores. Las marcas también están desarrollando plantillas específicas para las historias para mejorar la narración y aumentar la implicación con sus seguidores.

Dado que los videos de Instagram pueden ser vistos por un tiempo limitado, la red social introdujo una nueva función llamada videos IGTV en 2018 que permitía a sus usuarios ver contenido que duraba entre un minuto y una hora. Aunque los videos IGTV no tuvieron el mejor de los inicios, algunos ajustes y actualizaciones les han otorgado la importancia que merecen. Actualmente están siendo usados ampliamente por marketers de contenido e influencers para promocionar sus productos y contenido. Los videos IGTV parecen tener un futuro brillante este año y más allá. Aunque la mayoría de los especialistas en marketing e influencers siguen optando por YouTube y Facebook para promocionar contenido en video, los videos IGTV también deben ser considerados. Aquí hay algunas geniales formas para usar los videos IGTV para promocionar su contenido en 2021:

➢ Cree contenido con formato vertical que utilice la pantalla completa, ya que mejora la usabilidad.

➢ Use el formato horizontal para alcanzar una mayor audiencia.

➢ Use la opción de vista previa de IGTV para ser descubierto fácilmente en el feed "Explorar".

➢ Cree encuestas y haga preguntas acerca del tipo de contenido en video que a sus seguidores les gusta ver. Esto aumentará la interacción, y sabrá lo que le encanta a su audiencia.

Tendencia 5: Aumento en las Compras

Con cada vez más marcas estableciendo sus nombres diariamente, las personas tienen una amplia gama de opciones y productos para comprar en línea. Y con la poderosa herramienta de las redes sociales, cada marca está tratando de crear su propio nicho para ser reconocida. Los marketers de contenido y publicistas están intentando construir conciencia e identidad de marca para convencer a más personas para que compren sus productos. Esto ha llevado a un aumento en las ventas, y las redes sociales por sí solas están generando miles de millones de dólares en ingresos para las marcas cada año.

El desarrollo y el marketing de los sitios web de las compañías han existido por más de una década, dando origen al comercio electrónico. Sin embargo, con la popularidad de las compras por redes sociales, el comercio electrónico social está ahora en su punto máximo, mostrando también un futuro prometedor para 2021. Entonces, si usted está aquí para entender cómo vender sus productos o servicios por redes sociales, está de suerte. Los números hablan por sí solos. Mientras más del 50 por ciento de los clientes descubren y encuentran productos en Facebook e Instagram, al menos el 30 por ciento de ellos hace compras a través de plataformas de redes sociales.

Marcas líderes como Nike han aprovechado este potencial, lo que les ha llevado a usar la función de compras dentro de las aplicaciones; ellos tienen una tienda dedicada en Facebook e Instagram. De esta forma, su cliente puede hacer una compra mientras está en la app, lo que le ayuda a generar más ventas. Instagram también ha desarrollado recientemente una función de compras que le permite etiquetar hasta cinco productos en una publicación. Puede obtener información adicional acerca del producto haciendo clic en la etiqueta. Esta función les ha permitido a las marcas obtener enormes ingresos. Con elementos útiles adicionales, como la función "deslizar hacia arriba", y complementos que crean facturas y confirmaciones, las plataformas de redes sociales están desarrollando aún más sus funciones para mejorar el comercio electrónico social.

Tendencia 6: Incorporación de Realidad Aumentada para Clientes

Aunque la realidad aumentada ya ha sido discutida como un importante cambio que puede esperarse, también ha sido considerado como una gran tendencia como estrategia de marketing. A menudo confundida con la realidad virtual, la realidad aumentada es la incorporación de escenas de la vida real dentro de gráficos hechos por computadora, diseñados para mejorar la experiencia del usuario. Si bien Snapchat ya ha implementado filtros de realidad aumentada y utiliza la geolocalización como una característica clave, otras plataformas de redes sociales también están usando ampliamente la realidad aumentada. Posiblemente ha jugado Pokemon Go, que causó furor entre los usuarios en todo el mundo hace algunos años. Podía ver Pokemons corriendo por el mundo real a través del lente de su cámara. A pesar de lo mucho que la gente disfrutaba esta característica, no podían dejar de pensar más acerca de esta tecnología pionera.

Como puede ver, toda plataforma está progresivamente haciendo un mayor uso de esta innovación tecnológica. Es hora de que usted también la incorpore dentro de sus estrategias de marketing. Puede aprender de marcas como Sephora y Timberland quienes usan la realidad aumentada como estrategia de marketing. Nike está en camino con algunos experimentos para brindar a sus clientes una experiencia interactiva. Los principales beneficios de usar realidad aumentada para marketing están sobresaliendo, satisfaciendo las necesidades de contenido único, y vendiendo productos a un ritmo más rápido que lo anticipado gracias a decisiones más rápidas de los consumidores.

A pesar de que Snapchat está basada en gran medida en la realidad aumentada en la actualidad, Facebook e Instagram también están trabajando para convertirse en plataformas totalmente basadas en realidad aumentada. Hasta que se le presente una nueva innovación, puede comenzar a construir su plan de marketing en torno a las funciones de realidad aumentada existentes que están disponibles, y que son populares en las plataformas de redes sociales, como filtros, bitmojis, mapas y etiquetas de ubicación. Nuevamente, puede ser ventajoso dirigirse a un público más joven porque los millennials y la Generación Z constituyen la mayoría de estos usuarios.

Si bien definitivamente debe estar atento a estas estrategias, es una buena idea continuar explorando y buscando nuevas opciones y tendencias que podrían simplemente surgir en cualquier momento en el mundo actual. Ya sea que esté usando YouTube, Instagram, Twitter o Facebook, complete los vacíos usando estrategias dirigidas hacia plataformas de redes sociales individuales.

Capítulo 4: Marca Personal—¿Lo Está Haciendo Bien?

Con el mercado completamente saturado en muchos ámbitos, la mayoría de las personas encuentran más fácil relacionarse con un individuo que con una empresa. Es por eso que la marca personal hace la diferencia. Sin embargo, cuando se trata de la marca personal, debe comprender cómo hacerlo bien, ya que también puede afectar negativamente la imagen o reputación de su negocio.

Para ayudarle a descubrir si va o no por buen camino, debe primero comprender la diferencia entre marca personal y marcas de productos.

Marcas de Productos

Cada marca representa un producto o servicio específico, y debe representar una imagen determinada para entregar un mensaje a través del producto o servicio en cuestión, así como tomar en consideración los elementos de la marca como el diseño, fuente, color, logo y el ambiente general. La marca es importante porque tiene el poder de hacer que el público objetivo reconozca su producto instantáneamente y se sienta de una manera específica en lo que respecta a su marca.

Marca Personal

Por otro lado, la marca personal va un poco más allá. En lugar de concentrarse solo en el producto o servicio que su compañía ofrece, se concentra en un individuo. Una marca personal se trata completamente acerca de usted como persona, y la imagen que elige mostrar al mundo. Agregar un toque humano a cualquier marca hace que sea más fácil con los clientes, y que sea más atractiva para ellos.

Debido a que este tipo de marca hace que sea mucho más fácil para una audiencia relacionarse con una persona que con un producto o servicio, usar una marca personal puede tener efectos bastante exitosos. Si elige usar este método, aquí hay algunos consejos para asegurarse que lo haga bien:

Limpie Sus Plataformas de Redes Sociales

Si elige darse a conocer, y utilizar la imagen que representa su negocio como una forma de marca personal, debe asegurarse que sus plataformas de redes sociales personales también estén alineadas con la identidad de la marca y no tengan ningún impacto negativo en la marca. Si bien interactuar con un rostro puede ser extremadamente atractivo cuando se trata de marketing en redes sociales, también puede resultar contraproducente si no es cuidadoso con la imagen que proyecta. Es por esto que lo primero que debe hacer es limpiar sus cuentas de redes sociales; elimine cualquier imagen o publicación que no corresponda con los valores o identidad de su marca, y tenga cuidado con lo que comparte en sus plataformas de redes sociales. Escoger usar la marca personal significa que sus acciones también reflejan las de su marca.

Esto no significa que no puede publicar nada personal o que debe ser profesional el 100 por ciento del tiempo; solo significa que debe pensar dos veces respecto a las cosas que publica, el tono de voz que usa, su lenguaje, y qué tan personal es con sus cuentas.

Sea Consistente

Una parte esencial de usar marca personal en las redes sociales es la consistencia. No solo en las imágenes, ambiente, y elección de contenido que publica, sino también en los valores que representa. Supongamos que intenta promover la sustentabilidad. Si lo que le interesa es salvar el medioambiente y crear conciencia acerca de los problemas de usar plásticos, debe asegurar no contradecirse a sí mismo en sus plataformas de redes sociales al colaborar con una marca que es perjudicial para el medio ambiente y produce muchos desechos plásticos. Esto no solo enfurecerá a sus seguidores, también pondrá en riesgo tanto su reputación y credibilidad personal, como la reputación de su negocio. Cuando se trata de promover valores fundamentales, debe ser consistente o separar su vida personal de los negocios.

Mantenga una Fachada Visualmente Atractiva

Al representar a su marca, su perfil ya no es su lugar libre donde puede hacer lo que quiera. Al contrario, debe ser tratado como una extensión de su negocio con una identidad de marca similar, pero con un mayor enfoque en usted. Es por esto que debe usar fotografías de alta calidad, en lugar de las que acaba de tomar con su teléfono. También debe usar la misma paleta de colores y un ambiente armonioso por toda su página. Lo importante es que haga sus cuentas visualmente atractivas, ya que cualquier potencial cliente o socio de negocios primero revisará sus cuentas antes de hacer un trato con usted. Deben ser recibidos con un ambiente positivo tan pronto como ingresen a sus cuentas.

Una de las maneras más poderosas de promocionar una marca es poder identificarla a distancia. Como una herramienta para la marca personal, también debe adherirse a los mismos valores, contenidos, y ambientes generales que hacen único a su negocio.

Encuentre la Plataforma Más Adecuada para Su Negocio

Hay muchas diferentes plataformas de redes sociales que se dirigen no solo a diferentes grupos etarios, también a diferentes géneros e intereses. Dado que la mayoría de los usuarios de internet están en Facebook, usted pensaría que sería la mejor herramienta para marketing en redes sociales, y crear allí su propia cuenta de marca personal para alcanzar un público más amplio. Sin embargo, descubrirá que la audiencia en Facebook no es adecuada para su marca, y tampoco apropiados para su edad. Mientras Facebook se concentra en contenido y noticias, Instagram es una plataforma mucho mejor para un negocio que se concentra simplemente en lo visual. No es suficiente simplemente seguir las pautas para la marca personal; ellas solo serán efectivas si son usadas en el medio correcto, donde la audiencia podrá interactuar y comunicarse con la imagen que está mostrando.

Analice su Audiencia

Crear una marca personal le permite poner atención a su audiencia a través de las redes sociales y acercarse más a ellos. Mientras más interactúe con ellos, más podrá identificar lo que hace más eco con ellos. De esta forma, tendrá un mejor entendimiento de los cambios que pueden hacerse para asegurar el éxito de su negocio. También podrá obtener información sobre a quién más sigue su audiencia, e identificar influencers clave que pueden ser beneficiosos para su marca. Esto puede llevar a potenciales colaboraciones o ideas relacionadas a lo que su público objetivo estaría interesado de acuerdo a su interacción con sus publicaciones.

Escoja Otros Embajadores de la Marca

Con la marca personal, no debe exponerse a sí mismo o volverse uno con su marca para tener la posibilidad de tener éxito. A las personas les gusta percibir una marca a través de una persona, pero no es necesario que sea usted. Es por eso que muchas compañías usan embajadores de marcas para convertirlos en el rostro de la empresa como una forma de marca personal.

Sin embargo, al escoger un embajador de la marca, no es suficiente basar su decisión solo en números. Dado que ellos serán el rostro y la imagen que representan su negocio, debe tomar su decisión de manera inteligente. Ellos no solo deben ser una buena combinación en términos de alinearse con la identidad y los valores fundamentales de su marca, sino también una figura pública que su público objetivo aprecia y admira. Debe ser alguien que busca conocer más a su negocio porque lo representan. Debe escoger alguien que recurra a sus redes sociales y promocionar sus productos adecuadamente, sin alejar a la gente.

En la mayoría de los casos, tener un embajador de la marca puede realmente ayudarle a alcanzar un público más amplio, ya que ellos no solo tienen una gran cantidad de seguidores en sus redes sociales, también son figuras influyentes en la comunidad con acceso a su público objetivo específico. Usar embajadores de marca para marca personal abre diferentes oportunidades y expone su marca a muchos canales que pueden beneficiar significativamente al negocio. Pero recuerde ser inteligente en sus decisiones, ya que cualquier daño que un embajador de marca pueda causar, también podría terminar dañando su imagen.

Sea Activo en Redes Sociales

Representar la imagen de su negocio a través de la marca personal significa que debe permanecer activo para hacer crecer su cantidad de seguidores y mantener involucrado al público existente. La frecuencia de sus publicaciones puede diferir según cada plataforma que usa, pero en general, es esencial mantener a su audiencia regresando para obtener más, lo que significa que debe estar activo diariamente. Mientras más consistente sea, más aumentarán sus ventas, ya que muchas personas tienden a ser escépticas al comienzo. Sin embargo, ellas eventualmente cederán al continuar viendo el producto que está siendo promocionado, no solo porque esto lo hace permanecer constantemente en su subconsciente, sino también porque empiezan a obtener información más detallada y familiarizarse con el producto o servicio con cada publicación que ven. Si se pregunta con qué frecuencia debe hacer publicaciones, a continuación, se muestra la cantidad óptima de publicaciones por día para cada plataforma, basados en estudios e investigación de Buffer:

- **Facebook** - es mejor publicar dos veces por día. Puede dividirse en una en la mañana y otra en la noche para llegar a diferentes personas quienes acceden a Facebook a diferentes horas del día.

- **LinkedIn** - se recomienda que un negocio solo publique una vez al día ya que muchas personas en LinkedIn están más interesadas en encontrar trabajo y están ocupadas en su propio trabajo.

- **Twitter** - es mejor captar la atención de su audiencia publicando cinco veces por día, debido al reducido número de caracteres permitidos en cada tweet.

- **Pinterest** - es ideal para un negocio publicar cinco veces al día, ya que muchas personas son muy activas y navegan continuamente por diferentes tableros.

- **Instagram** - concéntrese en publicar imágenes sólidas una y media veces por día. Esto significa que puede publicar dos en un día, y una en el siguiente para espaciarlas.

Otra forma de ser activo en redes sociales y promocionar una marca personal exitosa es interactuando con su comunidad tanto como sea posible. Esto puede ser organizando un organismo benéfico local, participar en una maratón en su área, o incluso patrocinando un espectáculo para niños. Esto le ayudará a familiarizarse con la comunidad, así como promocionar su marca personal para mostrar que está entregando e interesado en dejar una huella positiva, en lugar de simplemente vender sus productos. Esto también atraerá a las personas a un nivel más personal y le harán confiar aún más en su marca. Además, puede abrir nuevas oportunidades para colaboraciones y crear contenido útil y atractivo para sus plataformas de redes sociales.

Contenido de Video

El contenido de video está realmente siendo más popular, y su marca personal debe incorporarlo para mantenerse al día con la tendencia. Esto puede ser hecho a través de historias de Instagram, IGTV en Instagram, o su propio canal de YouTube. Solo asegúrese que el contenido sea relevante, pegadizo, breve, que apele a su audiencia, y alineado con su imagen personal. Proporcionar a su audiencia lo que quiere ver, y lo que los competidores están haciendo, ayudará que su marca personal sea más atractiva.

Recuerde que la marca personal es una gran manera para expandir su presencia en las redes sociales, y la ayudará a conectarse con una audiencia más amplia. Siempre es más fácil confiar en una marca con un rostro, ya que ayuda a entender los valores fundamentales del negocio y a otorgar la seguridad que está en buenas manos. Sin embargo, antes de proceder y exponer una cierta imagen al público, debe analizar la situación y asegurarse que la persona en cuestión tendrá un impacto positivo en la reputación de su negocio, en lugar de posiblemente dañarla en el futuro.

Capítulo 5: Conociendo y Haciendo Crecer Su Audiencia

Las redes sociales pueden ser una herramienta muy efectiva para el marketing, pero debe tener una presencia sólida en redes sociales. Para hacer esto, no solo debe comprender su audiencia y lo que les atrae, sino también cuál es su audiencia objetivo, y que los hace únicos, y como apelar a un nicho objetivo para otorgarle una ventaja.

Identificando a Su Audiencia

Una de las tareas más difíciles, pero cruciales, para cualquier negocio es definir un público objetivo y reducirlo a un nicho de mercado que se beneficiará de su negocio y encontrará sus productos o servicios atractivos.

Tener un mercado objetivo específico ya debería ser parte de su plan de negocios. Sin embargo, al comenzar su negocio, debe ser capaz de hacer un análisis aún mejor basado en las personas interesadas en sus productos y que interactúan con sus publicaciones. Esto le permite reducir su público objetivo y comercializar hacia quienes tienen la mayor probabilidad de comprar sus productos. Descubrirá que las personas en su público objetivo tienen características e intereses comunes, como datos demográficos, comportamientos y hobbies.

Debe definir el público objetivo de su negocio de la forma más clara posible, porque esto le ayudará a beneficiarse de la publicidad dirigida, la que le permite ser extremadamente específico. De esta forma, invertirá dinero en publicidad dirigida solo a aquellos que probablemente estén interesados en hacer otra compra. Esto no solo mejora sus ventas, también hace que el retorno de la inversión por cada dólar gastado en marketing valga la pena. Sin embargo, una importante pregunta que debe hacerse es "¿Cómo averiguo quién es mi público objetivo?". No es suficiente solo tener una idea de para quién serían adecuados sus productos; existen maneras de averiguar quién se beneficiará con su negocio y que son parte del público objetivo al cual debe dirigirse.

Características para Ayudarlo a Definir su Audiencia

• Edad

Debe comprender a qué generación se dirige. Esto le ayudará a ajustar debidamente su contenido, incluso en el tono de su voz, imágenes, y especialmente sus campañas publicitarias. La edad también es un factor al decidir qué plataforma es la más adecuada y generará las mayores ganancias, porque diferentes grupos etarios tienden a utilizar diferentes plataformas de redes sociales. No es esencial apuntar a una edad específica, sino a un rango promedio que le permita tomar mejores decisiones cuando se trata del marketing.

• Género

En algunos casos, podría darse cuenta de que un género encuentra su negocio más atractivo que el otro, y saber esto le ayudará a comercializar productos y publicaciones específicas para ellos.

- Ubicación

Una de las ventajas de Facebook es que es una red global que le permite dirigirse a cualquiera en el mundo. Sin embargo, si sus productos o servicios solo se adaptan a una ubicación específica, es esencial resaltar eso. Eso le permitirá considerar varios factores, como áreas geográficas a las cuales apuntar para sus promociones o publicidad. También le ayudará a determinar la zona horaria de su audiencia, permitiéndole estar presente cuando es más probable que sus clientes estén activos, para que así pueda contestar sus preguntas y proveer un excelente servicio al cliente mediante participación e interacción. También es imperativo para usted ajustar la zona horaria al programar sus publicaciones en redes sociales, así como sus campañas publicitarias.

- Idioma

Su público objetivo podría hablar un idioma diferente. Supongamos que su negocio ofrece postres del Medio Oriente en América del Norte. Podría descubrir que su público objetivo habla árabe en lugar de inglés, y, por lo tanto, es importante tomar en cuenta su lengua dominante.

- Presupuesto y Hábitos de Gasto

Es beneficioso reunir información respecto a los hábitos de gasto de su público objetivo. Esto le ayudará a entender cómo fijar el precio de sus productos y si su presupuesto es efectivo con respecto a su audiencia. Comprender cuánto están dispuestos a gastar en un producto, así como con qué frecuencia compran artículos dentro de su rango de precios, le ayudará a tener una mejor idea de cómo debe enfocar su precio y qué tan exitoso será su marketing con promociones y ofertas.

- Intereses

Existen numerosas ventajas en determinar los intereses de su mercado objetivo. Puede hacer esto analizando a las personas que interactúan regularmente con sus publicaciones y averiguar lo que tienen en común. Podría descubrir que a la mayoría de ellos le gustan las páginas de yoga, o que tienen debilidad por los dulces, o incluso que les gusta viajar. Estos intereses, sin importar lo específicos que sean, serán realmente útiles cuando sea hora de dirigir su publicidad en redes sociales a una audiencia específica, lo que le ayudará a obtener un alcance más amplio de usuarios adecuados.

Todo lo mencionado anteriormente es información extremadamente útil que realmente le ayudará a su negocio, ¿pero dónde consigue esa información? ¿Y cómo determina todos esos factores que le ayudarán a reducir quién es su público objetivo? Es simple: analítica. Ir a cada plataforma y verificar la información disponible no solo le ayudará a determinar quién es su público objetivo, sino que también obtendrá la información necesaria sobre qué plataforma usar para cuál público objetivo.

Hacer Crecer su Audiencia

Una vez que esté familiarizado con su mercado objetivo, la siguiente pregunta que debe hacerse es, "¿cómo sabe mi público objetivo que mi negocio existe?". Ser capaz de alcanzar y hacer crecer su audiencia es esencial para que su negocio tenga éxito. Afortunadamente, las redes sociales pueden realmente ayudarlo a crecer su audiencia, ya que le permiten dirigir publicidad específicamente hacia ellos una vez que haya obtenido información valiosa respecto a sus características e intereses.

Establezca Metas Fijas

Los factores clave que le ayudarán a hacer crecer su audiencia son un plan y estrategia fijos que le permitirán alcanzar usuarios específicos de acuerdo a sus hábitos. Por ejemplo, si bien Facebook continúa siendo la plataforma más ampliamente usada, la mayoría de los millennials y usuarios más jóvenes son frecuentemente hallados en Instagram, Twitter o Snapchat, haciendo que sea más efectivo canalizar su publicidad en esos lugares si esta es la edad en la que está interesado. Sin embargo, si está interesado en hacer crecer una plataforma específica por propósitos de negocios, igualmente podría dirigirse a ellos, ya que tienden a acceder a varias plataformas.

Tener un plan le permitirá tener contenido que le ayudará a alcanzar sus metas y trabajar en objetivos específicos. Si está familiarizado con su público objetivo, y tiene la meta específica de alcanzar una audiencia más amplia en Facebook, entonces puede crear contenido atractivo, dirigirse a su audiencia, y filtrar sus opciones de orientación para asegurarse que su alcance pagado sea beneficioso. Esto puede resultar en más personas que interactúan con sus publicaciones, y que le dan likes a su página, o que compran sus productos.

Al establecer metas, uno de los métodos más comunes y eficaces es el método S-M-A-R-T, que significa lo siguiente:

➢ **Específico**: Asegúrese de tener metas claras y definidas.

➢ **Medible**: Establezca metas que puedan ser medidas, para que pueda analizar su nivel de éxito y monitorear sus logros.

➢ **Alcanzable**: Evite establecer metas imposibles y asegúrese de que lo que aspira puede ser realmente alcanzado con los recursos que tiene.

➢ **Realista**: Sea realista sobre el presupuesto, el marco de tiempo esperado para lograr sus objetivos y el resultado.

➢ **Sensible al tiempo**: Siga una agenda detallada para asegurarse a determinar cuánto tiempo le tomará alcanzar sus metas.

Analice a Sus Competidores

Para sobresalir debe estudiar el mercado y averiguar qué están haciendo sus competidores. Una vez que los haya analizado, puede comenzar a identificar los factores clave que hacen funcionar su metodología, ¿qué es lo que atrae a su audiencia y logra apelar a ellos? Responder estas preguntas puede ayudarle a comprender qué es lo que su negocio debe hacer. No necesariamente debe copiarles, pero debe entender cuál es su ventaja. De esta forma, obtendrá más información respecto a su público objetivo, y podrá trabajar en obtener una ventaja diferente o encontrar una brecha en el mercado en el que puede concentrarse, para atraer más seguidores a su negocio en lugar de a sus competidores.

Al observar el contenido que comparten, su participación, y la frecuencia con la que publican, puede crear y aplicar una estrategia útil. Escoja contenido más relevante que sea más participativo y que atraiga mejor a su audiencia objetivo. Puede analizar a sus competidores buscando las probables palabras clave en cada plataforma.

Cree una Voz para la Marca

Hay una cierta jerga, tono, y forma de hablar que atraerá a diferentes grupos de edad. Entonces, una vez que esté familiarizado con su público objetivo específico, debe comenzar a estudiar cómo escriben, publican y hablan, así como saber cuáles son sus intereses para ayudar a crear una voz para su marca. Esto hará que se sientan más motivados a interactuar con sus publicaciones, y a establecer una conexión con su empresa.

Puede incluso usar una frase de un programa popular de televisión que este grupo etario vea, o la letra de una canción que escuche cuando la encuentre relevante. Esto los motivará a interactuar con su publicación, y, por lo tanto, le ayudará a alcanzar una audiencia más amplia.

Mejore Su Alcance

Hay varios factores que se deben tener en consideración cuando se trata de alcanzar una audiencia más amplia. Desde pagar anuncios hasta publicar en los momentos más adecuados para promover el mejor compromiso, debe asegurarse que todo lo que haga sea verificado, estudiado, y que lo ayudará a alcanzar su meta.

A continuación, se muestran los mejores horarios para publicar en cada plataforma:

➢ **Facebook**: Si bien entre las 10 de la mañana y las 3 de la tarde en los días de semana son las horas más seguras para publicar en Facebook, el horario más eficaz es usualmente los jueves entre las 1 y las 2 de la tarde.

➢ **Instagram**: Al igual que Facebook, los jueves también son los mejores días para publicar en Instagram, mientras que los horarios más seguros en esta plataforma son entre martes y viernes entre las 9 de la mañana y las 6 de la tarde.

➢ **Twitter**: La mejor hora para publicar en Twitter son los viernes, entre las 9 y las 10 de la mañana.

➢ **LinkedIn**: Entre las 3 y las 5 de la tarde los días miércoles es el mejor horario para publicar en esta plataforma.

Programar publicaciones en estos horarios le permitirá aprovechar los horarios más atractivos para estas plataformas, y otorgar a sus publicaciones un impulso extra para ayudarles a alcanzar a su público objetivo, haciéndolo crecer en el proceso.

Seguir estas estrategias comprobadas para identificar y hacer crecer su público objetivo, realmente lo ayudará a impulsar sus ventas, fortalecer su presencia en redes sociales, y hacer que su marca se vea más auténtica y atractiva para nuevos seguidores. Una vez que haya descubierto quién es su público objetivo y cómo atraerlos, el resto es pan comido.

Capítulo 6: ¿Cuál Plataforma Debería Usar?

Con el amplio espectro de plataformas de redes sociales disponibles hoy en día, es entendible que se sienta confundido respecto a cuál sería la mejor para su negocio. Después de todo, existen limitaciones presupuestarias y calendarios ajustados que cumplir, y no puede dedicarse y distribuir cantidades igual de tiempo a cada plataforma social que existe. Eso tampoco tendría sentido, porque debe pensar en su público objetivo, tipo de negocio y mentas. No todas las plataformas son para usted. Uno de los factores clave en el marketing exitoso de negocios es escoger la plataforma correcta. Y si bien existen muchas opciones para elegir, ahora se sumergirá en cada una de ellas para entender cuál es la mejor para su negocio durante este año.

Facebook

Facebook ha prosperado por más de una década y es sin duda una de las mejores plataformas de redes sociales que se puede usar para comercializar un negocio. Puede ser beneficiosa en dirigirse a usuarios entre los 25 y 34 años, donde ambos géneros lo usan de manera casi idéntica. Otro notable beneficio es que la mayoría de los usuarios tienen educación y tienen ingresos más altos, lo que puede ayudar significativamente a su negocio a lograr más ventas.

Cuando se trata de funciones existentes y probables, Facebook ha recorrido un gran camino en desarrollar herramientas dirigidas hacia las promociones y marketing de negocios, haciéndola una eficaz red social. También ofrece opciones para publicar varios tipos de contenidos, como imágenes, videos, textos, historias y enlaces, otorgándole flexibilidad y un lienzo en blanco para promocionar su negocio. Uno de los factores más importantes son los anuncios de Facebook. También conocidos como el Mercado de Anuncios, esta función aparece en una barra lateral mientras se navega por el sitio. Puede usar esta útil función estableciendo presupuestos para un marketing eficaz de su empresa en Facebook, incluyendo concursos en Facebook, historias patrocinadas y promociones de publicaciones pagadas.

Instagram

Instagram ha escalado rápidamente para ubicarse como una de las redes sociales más populares en 2019. También muestra una gran promesa hacia el futuro. Por lo tanto, Instagram definitivamente debe estar en su lista. Esta plataforma cuenta con un gran número de usuarios que siguen marcas y compran sus productos. Al igual que Facebook, la mayoría de la audiencia de Instagram también consiste de gente educada de altos ingresos. Estas son buenas noticias para su negocio. Respecto a las funciones, puede usar las herramientas comerciales de Instagram que le ofrecen interacción directa con sus clientes, y mostrar estadísticas como participación de los usuarios y la cantidad de veces que una publicación ha sido compartida. Le permite fijar su contenido y promocionarlo de manera correcta para atraer aún más participación.

Como se discutió anteriormente, la función de compras de Instagram puede ser útil. Si su negocio busca vender productos, Instagram es su mejor apuesta detrás de Facebook. Puede publicar imágenes, videos, historias, y enlaces dentro de las historias para promocionar su marca y mostrar su creatividad. Si solo piensa usar dos o tres plataformas de redes sociales para marketing. Instagram definitivamente debe ser una de ellas.

Snapchat

Snapchat ha evolucionado lentamente desde ser una plataforma de entretenimiento hasta un canal de ventas. Muchas personas subestiman el poder de Snapchat para hacer marketing de sus negocios, pero realmente tiene mucho potencial. Su primer beneficio es la audiencia objetivo. Como se dijo anteriormente, esta red social atrae principalmente a un público más joven, especialmente la Generación Z. Si su negocio busca vender productos o servicios a adolescentes o adultos jóvenes, Snapchat es la respuesta. Aproximadamente el 71% de la población de la Generación Z usa Snapchat regularmente. Su contenido alcanzará exitosamente usuarios de entre 12 y 34 años.

Snapchat usa el concepto de las historias en forma de imágenes y videos. Aunque hay un límite en el desarrollo de contenido, tiene la flexibilidad de publicar constantemente, sin excederse. Tiene un lienzo en blanco cada día, y los seguidores usualmente olvidan el contenido que publicó previamente, ya que desaparece en 24 horas. Una importante estrategia que usan las marcas en Snapchat es crear filtros patrocinados, ya que a los usuarios de Snapchat les encanta jugar con filtros y lentes. Recientemente, marcas como Taco Bell y Gatorade ganaron enormes interacciones al crear sus propios filtros. Usted también puede promocionar su propia marca contratando a un influencer quien se hará cargo de su cuenta por un día.

Twitter

Twitter se trata completamente del poder del texto en unos pocos caracteres. La mayoría de la audiencia de Twitter tiende a ser de entre 18 y 29 años de edad, haciéndola una opción viable para llegar a una audiencia más joven. Nuevamente, la mayoría del público de Twitter es educado y es categorizado como de altos ingresos. Uno de los principales conceptos que Twitter contempla es el uso de hashtag para alcanzar a un grupo específico de público, o seguir las tendencias en la plataforma.

Twitter ofrece las opciones de publicar imágenes, videos y principalmente texto para expresar su opinión o promocionar su marca. Dado que aproximadamente 7.000 tweets se publican cada segundo, su contenido debe ser poderoso para ser visto y compartido por la plataforma. Twitter de hecho es un gran medio para interactuar con su audiencia, y exige contenido que logre una mayor interacción. Recuerde la divertida disputa entre Taco Bell y Old Spice; generó una excelente interacción y promocionó las marcas.

También existe un gran potencial para la publicidad en Twitter. Puede elegir entre las opciones de formato de anuncio de Twitter, o promocionar el tweet de su marca para fomentar la participación. Otra función que esta plataforma proporciona son los chats de Twitter, que pueden ser usados para una máxima interacción y ganar seguidores.

YouTube

Si bien YouTube está restringido al marketing en video, igualmente puede ser usado eficazmente. El enfoque del contenido en video fue mencionado anteriormente, y YouTube se mantiene firme siendo una gran plataforma de marketing. Con aproximadamente el 74 por ciento de los usuarios viendo contenido producido por marcas, donde el 90% de ellos ve videos desde un teléfono inteligente o una laptop, YouTube ofrece un gran potencial para ganar una masiva audiencia. Es una de las plataformas más grandes que tienen un mayor impacto de influencers. Los números muestran que más del 50% de los usuarios han reaccionado positivamente al contenido, y han respondido adecuadamente a los productos mostrados.

Al no haber un límite a la cantidad de contenido que se puede subir, puede estirar el contenido de su video de acuerdo a la participación que recibe. También puede vincular o compartir su video en otras plataformas de redes sociales, aumentando la calidad de la presentación de su contenido. Utilice herramientas de llamada a la acción para aumentar la participación, como vincular sus cuentas de Facebook o Instagram, solicitar suscripciones, likes y compartir, y proporcionar una ruta directa a su blog o sitio web. YouTube también puede proporcionarle un enorme beneficio SEO, ya que Google puede mostrar directamente una ruta a su video de YouTube si las palabras clave son las adecuadas.

TikTok

TikTok es una gran plataforma para los creadores de contenido que están recién comenzando y quieren reconocimiento instantáneo. Usted encontrará a la mayoría de la audiencia de la Generación Z en esta reciente plataforma viral de redes sociales. Siguiendo el mismo concepto de las historias y los videos IGTV que duran entre 9 y 15 segundos, TikTok ha atraído a aproximadamente 500 millones de usuarios en todo el mundo. Sin embargo, aún es discutible si es o no la plataforma adecuada para comercializar su negocio.

Si planea mantener la identidad de su marca sutil y compuesta, TikTok no es para usted. La plataforma es bastante apresurada y loca. Si quiere que algo de creatividad y humor se incorporen continuamente a su contenido, esta plataforma puede ayudarlo. Puede mostrar las características de sus productos o crear algunos videos instructivos en lugar de crear memes que puedan ser contraproducentes con su estrategia de marketing. Por ejemplo, la marca de cosméticos Lush regularmente sube videos que muestran la elaboración de sus productos, lo que atrae atención. También puede colaborar con influencers de TikTok quienes tienen un gran impacto sobre sus audiencias. Antes de actuar, debe descubrir más la plataforma y tomar una decisión informada.

LinkedIn

Inclinándose más hacia el lado profesional, LinkedIn puede conectarlo con potenciales socios o clientes. Si planea comenzar un negocio que necesita conexiones profesionales, y está dispuesto a contratar trabajadores, LinkedIn es la plataforma adecuada para usted. Puede constantemente publicar descubrimientos, estudios, datos demográficos, o metas logradas por su compañía, las que serán vistas en el feed principal de sus contactos. Con un 32 por ciento de sus usuarios con un título universitario, el 24 por ciento con certificaciones, la mayoría de su público en LinkedIn será de ingresos medios o altos.

Es una excelente plataforma para generar marketing entre empresas y crear anuncios que promuevan el conocimiento de la marca. También puede enviar mensajes personalizados a sus seguidores o público cuando están activos para impulsar la interacción. LinkedIn también tiene influencers y ejecutivos que pueden crear un gran impacto en la audiencia objetivo. Incluso si su marca o negocio no posee una identidad corporativa, igualmente puede usar LinkedIn como una herramienta plausible para captar la atención de su audiencia.

Pinterest

Si la mayoría de su estrategia de marketing se basa en la imagen de su marca, Pinterest es la plataforma adecuada para usted. Esta red social actúa como un folleto de imágenes dirigido a todas las disciplinas, desde el arte hasta el fitness, y desde la decoración del hogar hasta consejos de moda. Atrae a su público basado en lo estético. Una gran parte del público de Pinterest son mujeres (alrededor del 79,5 por ciento), quienes tienden a navegar en la plataforma con varios fines. Un importante factor que puede ser transformado en una ventaja es que puede encontrar personas de todos los grupos de edad en Pinterest, principalmente entre los 18 y los 65 años, muchas de las cuales tienen educación. Si tiene una marca centrada en las mujeres, especialmente si está dirigida a madres o mujeres embarazadas, debe usar Pinterest. Prácticamente ocho de cada diez madres en los Estados Unidos usan Pinterest, lo que puede ser un factor significativo.

Puede usar una cuenta comercial de Pinterest, y conectar sus otras redes sociales con ella, reclamar su sitio web, poner detalles de contacto para sus clientes para que se contacten con usted y crear su tablero. Pinterest también permite publicidad e insertar enlaces en sus pins. Use las herramientas analíticas para aprender más acerca de pines populares y obtener más interacción. Cree su contenido en formato vertical para adecuarse al diseño de Pinterest y hacerlo más agradable estéticamente.

Estas redes sociales pueden ser, y usualmente son, usadas para un efectivo marketing de negocios. Ahora, esto no significa que deba usarlas todas. Como experto en marketing, definitivamente debe usar Facebook, Instagram, Snapchat, YouTube y Twitter, así como otras plataformas, ya que estas prometen mucho para este año y más allá. Dependiendo del tipo de negocio y contenido, debe medir el potencial que cada plataforma ofrecerá. Si no siente la necesidad, no desperdicie su tiempo registrándose en todas estas plataformas, ya que tendrá un efecto negativo en su presupuesto y la calidad de su contenido. En cambio, concéntrese en solo dos o tres plataformas si está recién empezando, y desarrolle gradualmente una vez que haya establecido una audiencia dedicada.

Capítulo 7: Marketing en Facebook

Facebook continúa siendo la red social más utilizada, y por lo tanto es esencial para la mayoría de los negocios en lo que respecta al marketing de redes sociales. De acuerdo a las estadísticas de Internet de Pew, aproximadamente dos tercios de los adultos estadounidenses usan Facebook regularmente. Eso corresponde a casi el 68%, haciéndolo un excelente medio para usar para adultos, ya que la mayoría de esas personas ya son usuarios frecuentes.

Sin embargo, para que el marketing en Facebook sea efectivo, existen varios factores que debe entender y tomar en consideración para asegurarse que lo esté haciendo bien. Es por eso que debe saber qué estrategias seguir para mejorar su marketing en Facebook y aprovechar al máximo una plataforma que está muy extendida y sobre la cual es bastante económico publicitar. Para hacer eso, aquí hay algunas estrategias:

Estrategia 1: Contenido Atractivo

Una de las primeras cosas que necesita entender es el algoritmo de Facebook. La idea detrás de él, y la razón por la cual es extremadamente beneficioso, está basada en esconder contenido aburrido. Dado que la plataforma está diseñada para mantener a las personas por tanto tiempo como sea posible, Facebook tiene una forma para hacer que solo el contenido interesante o exitoso sea visible para los usuarios. La pregunta es: "¿cómo Facebook toma esta decisión, o etiqueta algo como contenido aburrido?" Es muy simple. Facebook analiza el contenido y lo clasifica de acuerdo a la interacción con la publicación. Eso significa que, si la publicación tiene likes, comentarios, o es compartido, será considerado interesante, y Facebook permitirá que sea visto por muchos usuarios. Sin embargo, si una publicación no genera reacciones, Facebook automáticamente lo esconderá de los usuarios y lo clasificará como contenido aburrido. ¿Qué nos dice esto? Para que las publicaciones de su negocio sean vistas, debe crear contenido atractivo para sus usuarios.

Uno de los aspectos clave que hace único a Facebook y agrega una ventaja a cualquier negocio es que Facebook no solo esconde el contenido aburrido, también hace lo opuesto si determina que su contenido atrae atención. Eso significa que, si sus publicaciones están obteniendo interacción orgánica, Facebook les dará un impulso extra haciéndolas visibles a más personas. Es por eso que cualquier negocio debe intentar y sacar provecho de esa función creando el tipo de contenido que no solo atraerá a su público objetivo, sino que también iniciará una conversación y les hará sentir la necesidad de comentar o compartir en su propio feed.

Se sorprendería al saber que los contenidos marcan una enorme diferencia cuando se trata de reconocer participación y afectar la visibilidad de su publicación. Mientras más largo sea el comentario, mejor, y más visible será su publicación para otros usuarios. Entonces, ¿cómo puede usar esta información y aplicarla a su negocio?

Cree Contenido Que Genere una Respuesta Emocional

Dado que la cantidad de fotos subidas a Facebook alcanza la asombrosa cantidad de 350 millones por día, debe asegurarse de lo que ofrece no sea como lo de todos los demás. Por eso la mejor manera de hacer que los usuarios se fijen en sus publicaciones es introduciendo contenido que les genere emoción. Ya sea que los haga reír o llorar, llenar su corazón de calidez, o incluso provocarlos, debe ser capaz de presionar un botón que los haga interactuar con su publicación. A veces, es suficiente con hacerlos sonreír, y los encontrará etiquetando a sus amigos y poniéndole like o compartiendo la publicación, dándole la oportunidad de difundirse más ampliamente. Entonces, cuando decida impulsarlo, Facebook le ayudará a alcanzar un público más amplio, haciendo su marketing efectivo a un costo por visitante aún más bajo.

Antes de publicar cualquier contenido en Facebook, o pensar en lo próximo que compartirá en la página de su negocio, pregúntese qué tipo de emoción genera. Si pareciera que no generará ninguna emoción, entonces busque algo que sí lo haga.

Use el Contenido de Tendencias a Su Favor

Ser oportuno no solo hace su contenido reconocible, también anima a las personas a interactuar y participar con su publicación como si fuera algo que está ocurriendo ahora. Dado que la mayoría de las personas se encuentran regularmente en Facebook, ellos tienden a obtener su información desde allí. Entonces, cuando un negocio logra aprovechar una tendencia, gana instantáneamente la atención de los usuarios. Considere, por ejemplo, los incendios en Australia que destruyeron miles de hectáreas de tierra y una gran cantidad de fauna silvestre. A medida que esto ocurría, fotos de koalas y canguros heridos estaban siendo excesivamente compartidas, ya que este tipo de contenido contiene ambos factores, generando una respuesta emocional, y siendo oportuno.

Como negocio, debe usar esto a su favor ya sea enviando un porcentaje de sus ganancias para ayudar a los necesitados en Australia, o simplemente escribiendo una publicación emocional que muestre el lado humano de su negocio. Aprovechar el contenido de tendencias es una gran herramienta que ofrece recompensas y resultados inmediatos cuando se trata de marketing en Facebook.

Estrategia 2: Contenido en Video

Si bien el alza en el contenido en video ya ha sido visible durante los últimos años, se espera que en 2021 aumente aún más. Por eso ya es hora de recurrir a los videos si no lo ha hecho aún. Sin embargo, hay una estrategia específica que debe seguir para alcanzar a su audiencia y garantizar el éxito. ¿Por qué los videos son más efectivos cuando se trata de marketing en Facebook? ¡Porque logran MUCHA más atracción que las fotos y los textos combinados! La diferencia en números no solo es sorprendente, sino también hace que para un negocio sea crucial hacer uso del efecto de los videos.

Sin embargo, la mayoría de los negocios tienden a cometer el error de producir videos promocionales o publicitarios sin construir una relación con sus clientes en primer lugar. Eso puede hacer que no muestren interés en ver el video promocional que usted subió, ya que posiblemente no están preparados para él. ¿Entonces, cómo hace que se interesen? Existe una estrategia probada para ayudar a desarrollar una relación y construir una conexión con su audiencia en primer lugar, para hacer que el contenido en video sea efectivo. Esto se hace usando la estrategia de video 3x3, que contempla videos de "por qué", "cómo", y "qué". En esta técnica, primero construye un portafolio de videos que lo ayuda a presentarse como persona y su idea de negocios, junto a otros videos que explican cómo es su proceso. Esto puede ser creado en la forma de videos instructivos que atraerán a su audiencia antes de introducir los videos de "por qué", los que mostrarán por qué sus productos son únicos o beneficiarán al usuario.

Videos de "Por qué"

Como experto en marketing, puede usar los videos de "por qué" para realmente ayudar a su audiencia a conectarse con su negocio a un nivel personal. Es una forma de marca personal que permite al usuario identificar el rostro detrás del negocio, y conocer la historia de fondo. A lo largo de este proceso, usted resumirá su historia y explicará la razón por la cual creó su negocio. Es un simple "por qué" que sirve para mostrar su idea y hacer que la gente se familiarice con usted y su negocio. Es esencial empezar con este paso para crear contenido de videos exitoso. Piense en preguntas como las siguientes:

➤ ¿Qué lo motivó a empezar?

➤ ¿Por qué usted es conocido?

➤ ¿Qué es lo que más lo enorgullece?

➤ ¿Qué problemas enfrentó?

➤ ¿Qué faltaba en el mercado?

En esta categoría, debe empezar con tres videos diferentes de entre 20 y 90 segundos, explicando quién es usted y la historia detrás de su negocio. Al producir los videos, debe intentar concentrarse en alcanzar un público objetivo diferente en cada ocasión, ya que más adelante podría darse cuenta de que un video fue más atractivo para hombres, mientras que otro fue más atractivo para mujeres.

Videos de "Cómo"

Para su siguiente conjunto de tres videos, debe presentar una serie de videos de "cómo" o "cómo hacer". En ellos, usted tendrá la oportunidad de explicar el proceso completo que efectúa su negocio para llegar al producto final; es de esperar que su audiencia realmente aprecie el trabajo y el esfuerzo que esto implica. Los videos instructivos son tan populares que el 51 por ciento del tráfico de YouTube viene de ellos. Si bien es una plataforma diferente para un público ligeramente distinto, sirve para mostrar lo importante que es para su negocio producir videos de "cómo hacer".

En esta categoría debe producir tres videos diferentes, cada uno con una historia distinta. Su primer video de la serie "cómo" puede concentrarse en explicar cómo sus productos son creados, desde una idea inicial hasta un producto final. Esto le ayudará a su audiencia tener un mejor entendimiento de lo únicos que son sus productos, mientras que al mismo tiempo lo conocen a usted y a su negocio.

También puede usar los videos de "cómo hacer" para proveer consejos a sus clientes y otorgarles información que pueden usar para crear versiones más simples de sus productos en casa o incluso algo que puede ir junto a sus productos. Por ejemplo, si su negocio vende recipientes de cerámica o platos, sus videos de "cómo hacer" pueden concentrarse en consejos a tener en cuenta al limpiar o calentar los platos, o incluso una receta fácil usando los platos. Puede ponerse creativo y ver qué es lo que más hace eco con su audiencia.

Videos de "Qué"

En esta sección ya habrá creado una relación con sus clientes que le permite comenzar a promocionar sus productos. Ahora es el momento de publicar videos que lo ayuden a promocionar los puntos a favor de sus productos. En estos videos, debe hacer que la audiencia sienta la necesidad de comprar sus productos.

Los videos de "por qué", "cómo" y "qué" son geniales para comenzar su viaje por el contenido de video en Facebook. Sin embargo, hay otros aspectos que debe considerar mientras pone este método en práctica.

Consejos Adicionales

● **Solo Gaste Dinero en Videos Efectivos**

Muchos negocios cometen el error de gastar dinero tratando de impulsar videos que no atraen a la audiencia. Sin embargo, cuando se trata del contenido en video, la cantidad promedio que debe gastar es entre 8 y 10 dólares por cada 1.000 vistas. Si invierte 8 dólares y solo obtiene 500 vistas o menos, entonces esto debe indicarle que debe dejar inmediatamente de gastar más dinero en su video. Ese dinero se desperdiciará debido a un problema con el contenido mismo, y Facebook lo está catalogando como "aburrido".

● **La Estrategia de Contenido de Video en Facebook es un Plan a Largo Plazo**

Este proceso puede demorar entre 6 y 12 meses. Con el contenido en video, entender a su audiencia tomará tiempo, por lo que es importante tener paciencia. Durante este tiempo, debe saber que uno de cada diez videos funcionará, lo que significa que el 90 por ciento de sus videos no lo hará. Si necesita tener diez videos exitosos, necesita crear 100 videos hasta que lo consiga.

- **La Duración Ideal es Entre 20 y 90 Segundos**

El punto óptimo usualmente está en los 60 segundos. Tome esto en cuenta al producir su contenido de video, y trate de hacerlo no muy largo ni muy corto.

- **Monitoree Su ThruPlay**

ThruPlay puede ayudarlo a analizar qué tan efectivos son sus videos. Es una opción de optimización y facturación para anuncios de video que le ayuda a comprender si vale la pena impulsar su video o no. ThruPlay produce los resultados ideales cuando es reproducido hasta el final o al menos por 15 segundos.

- **Pruebe sus Videos en Audiencias Diferentes**

Analice sus videos luego de una semana para entender quién debe ser su público objetivo y acercarse a ellos correspondientemente.

Estrategia 3: Anuncios de Facebook

71 mil millones de dólares se gastan en publicidad de televisión que nadie ve. Si bien la cantidad de televidentes ya ha caído enormemente, aquellos que siguen viendo TV aún tienden a presionar el botón de silencio cuando es hora de comerciales, o simplemente van a conseguir algo para comer, van al baño o hacen cualquier cosa excepto ver los comerciales que se muestran en la pantalla. Entonces, ¿por qué los negocios siguen gastando enormes sumas de dinero para usar una técnica publicitaria que ya no es efectiva? Hágase una simple pregunta para entender lo inútiles que se han vuelto los anuncios: "¿Cuántas veces he presionado el botón de 'Saltar Anuncio' que aparece en pantalla al ver un video?". La mayoría de las personas nunca han visto ningún solo anuncio, haciendo de esto un enorme desperdicio de dinero.

Por otro lado, los anuncios de Facebook no solo son extremadamente económicos en comparación con el mercado, también son muy efectivos en alcanzar a un público más amplio y hacer crecer la presencia en línea de un negocio. Sin embargo, con el algoritmo de Facebook cambiando constantemente, se encontrará gastando enormes sumas de dinero en contenido que no es efectivo. Para ayudarlo a entender la mejor manera de aprovechar los anuncios de Facebook, a continuación, se mostrarán algunos factores clave que debe entender:

Tipos de Anuncios de Facebook

Como experto en marketing o dueño de un negocio, lo primero que debe entender es qué tipo de anuncios puede usar.

- **Anuncios Gráficos**

Este tipo de anuncio es una de las formas más simples y fáciles para empezar a publicitar en Facebook. Esto se hace escogiendo promocionar una de las imágenes que ya ha compartido en su página de Facebook al impulsar una publicación existente.

- **Anuncios en Video**

Debido a que el video es una estrategia clave de marketing, la publicidad en video es otra manera en la cual puede usar el marketing en Facebook a su favor. Sus videos impulsados pueden aparecer en los feeds de su audiencia o en las historias de Facebook cuando tienen una duración más corta. Incluso puede considerar usar GIFs o animaciones en su contenido de video en lugar de videos en vivo.

- **Anuncios de Encuestas de Video**

Si bien esto solo está disponible en dispositivos móviles, este tipo de anuncio en Facebook requiere que la audiencia interactúe más, haciéndola una herramienta para aumentar el conocimiento de la marca.

- **Anuncios Por Secuencia**

Con los anuncios por secuencia, su negocio puede destacar diferentes productos o servicios, o incluso puede usarlos para mostrar ventajas o beneficios únicos de cada producto. Esto es porque los anuncios por secuencia le permiten usar hasta diez imágenes o videos juntos.

- **Anuncios con Presentación**

Un anuncio con presentación reúne una serie de fotos estáticas, texto o videos de su feed y crea un corto video publicitario. Es una herramienta útil para mostrar una variedad de productos o servicios que ofrece su negocio.

- **Anuncios de Colección**

Otra herramienta específicamente diseñada para dispositivos móviles, esta opción le permite juntar hasta cinco productos que los clientes pueden presionar para comprar, haciéndola una herramienta extremadamente efectiva ya que es una oportunidad de venta directa en Facebook.

- **Lead Ads**

También diseñados para dispositivos móviles, esta herramienta le permite rápidamente obtener información de los usuarios sin escribir mucho. Esto puede usarse para conseguir información de contacto para un boletín informativo o prueba de un producto, además de recibir fácilmente preguntas o comentarios.

- **Anuncios Dinámicos**

Los anuncios dinámicos se usan para ayudarlo a dirigirse a usuarios que ya están interesados en sus productos, pero no han hecho una compra aún. Este tipo de anuncio aparece en sus feeds de Facebook, mostrando un producto específico que anteriormente han buscado o agregado a sus carros. Esto les da un impulso extra para hacer la compra.

- **Anuncios en Messenger**

Con el enorme número de usuarios que usa Facebook Messenger como una aplicación para enviar mensajes, los anuncios de Messenger les dan acceso a 1.300 millones de personas cada mes. Todo lo que debe hacer es escoger Messenger como la ubicación deseada para su anuncio, y solo será visible para personas que usen Messenger.

- **Anuncios en Historias**

El lanzamiento de las historias de Facebook creó otra forma para promocionar un anuncio o un pequeño video y alcanzar a su audiencia más rápido. Cuando los usuarios acceden a las historias, ya están en el estado de ánimo adecuado para ver cualquier cosa que se encuentre en su camino, haciéndolo un buen momento para comercializar sus productos.

Cómo Publicitar en Facebook

Si ya tiene una página de Facebook para su negocio, entonces puede ejecutar los siguientes pasos para crear anuncios exitosos usando Facebook Ads Manager:

- **Paso 1: Elija el Objetivo de su Anuncio**

Una de las grandes cosas acerca de los Anuncios de Facebook es que ofrece una variedad de objetivos de marketing para elegir, para así poder ayudarlo a optimizar sus anuncios y obtener los mejores resultados. Para seleccionar uno que sea apropiado para la necesidad de su empresa, puede ingresar a Facebook Ads Manager, hacer clic en la pestaña Campañas, luego seleccionar Crear para iniciar una nueva campaña. Encontrará 11 diferentes objetivos de marketing, como conocimiento de marca, alcance, tráfico, y muchos otros para elegir basados en el objetivo que necesita para su negocio.

- **Paso 2: Encuentre un Título Adecuado para Su Campaña**

El siguiente paso es poner un nombre a la campaña de su anuncio para monitorearla en Facebook Ads Manager. En este paso, podrá escoger el enfoque de las publicaciones y decidir si quiere resaltar la interacción con la publicación, likes en la página o respuestas a eventos.

- **Paso 3: Ingrese los Detalles de su Cuenta**

Para que sus anuncios comiencen a funcionar, debe configurar su cuenta de anuncios ingresando información clave. Haga clic en "Configurar Cuenta de Anuncios" y llene los detalles solicitados, como país, moneda y zona horaria.

- **Paso 4: Diríjase a la Audiencia Correcta**

Una de las ventajas de Facebook como una plataforma de marketing es que le permite concentrarse en criterios específicos al dirigirse a su audiencia, a diferencia de cualquier otra plataforma. Para comenzar a escoger la audiencia objetivo para sus anuncios, abra su campaña de anuncios de Facebook, y escoja qué página quiere promocionar. Luego, desplácese hacia abajo hasta que encuentre la opción que le permite agregar una audiencia personalizada de personas quienes ya están familiarizadas con su negocio.

El siguiente paso es escoger su ubicación, edad, género e idioma objetivo. A medida que agrega más optimizaciones el indicador de alcance aproximado mostrado a la derecha trabajará de manera más precisa.

Para aumentar el retorno de la inversión, debe usar segmentación detallada para alcanzar la audiencia correcta.

➢ Segmentación Detallada: En este campo podrá decidir a quién dirigirse basado en datos demográficos, intereses y comportamientos. Aquí es donde puede volverse realmente específico y escoger personas que siguen, por ejemplo, tiendas de novios.

➢ Conexiones: Puede ya sea escoger dirigirse a su audiencia objetivo, o a alguien que ha interactuado con su página anteriormente, o elegir excluirlos completamente para alcanzar nuevas audiencias seleccionando Excluir personas a las que les gusta mi página. Sin embargo, si su foco principal será su audiencia existente, entonces puede elegir a las personas que les gusta su página.

- **Paso 5: Escoja Dónde Aparecerá Su Anuncio**

El próximo paso es decidir dónde se mostrarán sus anuncios. Existe una opción que permite a sus anuncios aparecer en Facebook, Instagram y Messenger, permitiéndole llegar a una audiencia diferente en varias plataformas usando la opción de Ubicaciones Automáticas. Sin embargo, también puede escoger especificar un tipo de dispositivo, plataforma o ubicación, como feeds, historias, mensajes o incluso artículos.es.

- **Paso 6: Presupuesto**

Una vez que haya establecido un presupuesto, es hora de decidir cómo asignar ese dinero en la campaña publicitaria de Facebook. Puede escoger un presupuesto diario o de por vida, y definir las fechas de inicio y término. Luego, puede decidir si quiere que el anuncio se comience a mostrar inmediatamente o programarlo para una fecha en el futuro. Tenga en cuenta que puede escoger un costo opcional y controlar sus pujas para asegurarse que se exceda del presupuesto, ya que se establece un límite por acción en lugar de en la campaña en su totalidad.

- **Paso 7: Cree Su Anuncio**

Tras escoger el formato de su anuncio basado en sus objetivos, puede usar la herramienta de vista previa en la parte inferior de la página para tener una idea de cómo se verá su anuncio en diferentes ubicaciones. Una vez que esté satisfecho, puede hacer clic en el botón Confirmar de color verde para enviar la orden y luego esperar por un email de confirmación de Facebook para notificarle de la aprobación de su anuncio.

Los anuncios de Facebook se están convirtiendo en una alternativa económica frente a muchos otros tipos de publicidad, y son mucho más efectivos. Es por eso que su negocio debe entender cómo aprovechar la publicidad de Facebook al máximo, y beneficiarse de ella mientras se mantenga relativamente económica. Con estas herramientas y consejos, tendrá un entendimiento básico de cómo su negocio puede beneficiarse del marketing en Facebook.

Capítulo 8: Marketing en YouTube

Ahora que ha aprendido acerca del marketing en Facebook, es momento de sumergirse en otra popular red social. Tras escuchar suficientes halagos acerca de YouTube como una efectiva plataforma de marketing, debe incluirla en su plan si no lo ha hecho aún. Este capítulo habla de cómo puede usar YouTube para promocionar ampliamente su marca, mencionando tres estrategias óptimas y consejos adicionales a ejecutar para lograr el éxito.

Además de ser una de las más importantes redes sociales, YouTube también es el segundo motor de búsqueda más grande, solo superado por Google. Anteriormente se mencionó cómo el marketing en video es más efectivo comparado al hecho en imágenes y texto. Con YouTube generando entre 300 y 400 horas de video cada hora, no hay razón para que usted no use esta plataforma.

Sin embargo, construir su comunidad y conocimiento de marca puede ser difícil debido a la existencia de millones de canales que prosperan en la plataforma. Hay tanta competencia que construir su nicho y ser reconocido puede ser una gigantesca tarea. Para ayudarlo a superar estos desafíos y promover un efectivo conocimiento y participación con su marca, aquí hay algunas estrategias a usar en marketing en YouTube en este año.

Estrategia 1: Contenido Optimizado

El contenido es rey. Es lo que atraerá a una audiencia más amplia y creará más interacción con su canal, ayudando a hacer crecer su marca. Optimizar y ajustar su contenido para ganar más interacción y seguidores es la estrategia número uno para lograr marketing efectivo. Aquí se muestra cómo puede optimizar su contenido con este propósito.

Elabore un Plan de Contenidos

Para crear un plan de contenidos efectivo, debe conocer y seguir estos tres principios rectores:

- **Descubra a Su Audiencia**

Aunque ya se ha hablado bastante de esto, este punto está limitado solo al marketing en YouTube. Una vez que conozca su marca, sabrá el grupo de edad y el género de su audiencia objetivo. Investigue acerca del tipo de videos que ven actualmente y su comportamiento en esta plataforma.

- **Conozca y Estudie a Sus Competidores**

Usted ya conoce la frase: "Mantenga a sus amigos cerca y a sus enemigos más cerca". Bien, usted no tiene precisamente enemigos aquí porque todo se trata de sana competencia. Conocer acerca de las marcas y compañías dentro de su disciplina, y las estrategias de marketing que utilizan puede ser beneficioso. Puede ver sus videos y señalar errores o problemas que usted puede evitar para mejorar su contenido.

- **Establezca Metas**

¿Por qué hace esto? ¿Cuál es su principal objetivo? ¿Es vender más productos? ¿Es lograr más interacción? Hágase preguntas, y establezca sus metas correspondientemente. Esto le dará una idea más clara de la dirección correcta hacia la producción de contenido óptimo.

Tipo de Contenido

Ahora que ha creado un plan de contenidos efectivo, es momento de explorar los tipos de contenido que puede usar para el marketing de su marca. Esto, por supuesto, dependerá de manera importante si quiere vender sus productos o si simplemente quiere lograr más vistas e interacciones. También dependerá de su audiencia objetivo y de lo que prefieren ver, como se dijo anteriormente. Ya sea que esté administrando una marca de moda o abriendo una empresa de comidas y bebidas, debe entender su marca y el tipo de contenido que atraerá más gente hacia ella. Cualquier contenido creado sin un propósito o intención concreta está destinado a fracasar.

Hay muchos tipos de contenido que bloggers, o en este caso, vloggers, usan para ganar más seguidores. Si está confundido acerca de dónde empezar, puede escoger entre los tipos que ya existen que son altamente preferidos por los espectadores, como reseñas de productos, videos de unboxing, proyectos de bricolaje, videos educativos, comedias, y videos instructivos, entre muchos otros. Estos son extremadamente populares y exitosos en captar atención. O bien, puede experimentar con un cierto tipo de contenido y crear su propio estilo. Esto le ayudará a su marca a destacarse y a ser fácilmente reconocida.

Practique la Consistencia

Es realmente importante subir contenido de manera consistente, y esto aplica para todas las redes sociales. Ahora, la consistencia no solo se refiere a subir videos regularmente; más bien se trata de subir un cierto tipo de contenido que sigue un patrón. Posiblemente ya ha oído acerca de ser consistente en múltiples ocasiones, pero lo que la mayoría de las personas no le dicen es cómo hacerlo, que es exactamente de lo que trata ese libro. Pero antes del "cómo", debe saber "por qué". La respuesta es que la consistencia mantiene entusiasmados a sus seguidores y les da un propósito. Crea expectativas que son satisfechas constantemente por sus videos. Además, YouTube está diseñado con un algoritmo que difunde su contenido a una audiencia más grande si publica consistentemente.

Respecto al "cómo", puede comenzar teniendo un itinerario de subidas, uno realista. No puede simplemente fijar la meta de subir un video cada dos días cuando necesita al menos entre tres y cuatro días para grabarlo y editarlo. Prepare un itinerario plausible y adhiera a él. Puede establecer plantillas para sus videos y fijar ciertos factores, como las fuentes y el tipo de edición para mantener las cosas fluyendo. Dependiendo de su contenido, también puede grabar un video más largo de antemano y dividirlo en tres o cuatro partes para tener contenido para los siguientes días.

Use SEO para los Títulos y las Descripciones de los Video

Ya se ha mencionado como la optimización de motores de búsqueda puede afectar el descubrimiento de sus videos. Dado que YouTube es un motor de búsqueda, puede usar SEO en esta plataforma para clasificar sus videos de mejor manera que otros dentro del mismo nicho. SEO es básicamente cuando inserta ciertas palabras clave, principalmente palabras o frases, en los títulos y descripciones de sus videos basándose en las palabras comúnmente buscadas por los usuarios. Asegúrese que sean relevantes para su contenido. También puede añadirlas a sus subtítulos. Sin embargo, no puede usar todas las palabras clave en su título; esto solo logrará que no tenga sentido. Aquí es cuando las etiquetas son útiles. Puede poner entre 10 y 20 etiquetas debajo de cada video, que es donde puede agregar aquellas palabras clave para tener aún más optimización de búsqueda.

Y cuando se trata de leyendas, dado que YouTube genera automáticamente la mayoría de las leyendas, existen altas probabilidades de que sean imprecisas. Puede solucionar esto agregando sus propios subtítulos. Esto le permitirá agregar sus palabras clave preferidas y presentar la información correcta a su audiencia. También debería considerar traducir su video a otros idiomas para atraer a público de todo el mundo. De esta manera, YouTube clasificará su video en un lugar más alto debido a las palabras clave en otros idiomas.

Estrategia 2: Historias de YouTube

Siguiendo los pasos de Snapchat, Instagram, Facebook y WhatsApp, YouTube también ha introducido la misma función de historias para canales que tengan 10.000 o más suscriptores. Las Historias de YouTube se lanzaron en 2018, y desde ese momento, han ofrecido un beneficio adicional a los canales e influencers para permanecer aún más actualizados con sus suscriptores. También se ve prometedor para este año.

Las historias son comúnmente vistas como una importante herramienta de interacción actualmente, con un tercio del total de espectadores viendo historias y contenidos producidos por pequeñas y grandes marcas. Las empresas están usando activamente el concepto de las historias y haciéndolas una parte integral de su plan publicitario. La clave es destacar. Todo se resume en qué tan bien usa esta función, y si la logró aprovechar al máximo.

Ahora que la importancia general de las historias es más clara, es momento de revisar algunos aspectos de las Historias de YouTube para entenderlas mejor.

Beneficios de usar Historias de YouTube

Aunque no es un concepto original, las Historias de YouTube ofrece su propio conjunto de beneficios debido a algunas diferencias y características extra. Aquí hay cuatro excelentes maneras con las que puede beneficiarse usando las Historias de YouTube para el marketing de su contenido:

• Permanecen en el Feed por Siete Días

Anteriormente conocidas como YouTube Reels, estas historias permanecen en su feed por una semana, a diferencia de las historias de Snapchat, Instagram y Facebook que desaparecen en 24 horas. Es un importante beneficio ya que puede crear un trasfondo convincente de narración que dura por días, y puede ser visto por sus potenciales suscriptores días después de su subida. Sus seguidores también pueden verlas al día siguiente en caso de que se hayan perdido algún contenido importante. Puede moldear su contenido de acuerdo al número de días disponibles. También mantiene a su audiencia al tanto de su contenido.

• Alcanzan a Potenciales Suscriptores

Estas también se dirigen y atraen a usuarios que no se han suscrito aún a su canal, permitiéndole aumentar sus seguidores. Es una gran estrategia de jugar a las escondidas para gatillar la curiosidad entre sus actuales y futuros suscriptores. Incluso si usted no es un suscriptor, puede ver las historias de otros canales e influencers que son tendencia directamente desde su página principal.

• Abren Nuevas Oportunidades

Las historias son un bonus para todo experto en marketing de contenidos estos días, especialmente este año. Son contenido ligero, fáciles de crear, y logran un gran impacto al interactuar con los usuarios. Dado que el principal concepto de YouTube se basa en el contenido en video, las historias son específicamente útiles para esta plataforma. YouTube también le da la flexibilidad de desatar su creatividad con sus herramientas, como tipos de fuentes, filtros, stickers, música y mucho más.

• Son Simples y Prácticas

Las historias pueden ser imágenes o contenido con formato de video que puede contener texto plano o imágenes simples de sus productos. También puede usar algunos fragmentos de su video, sin poner mayor esfuerzo para grabar contenido para sus historias.

A través de las historias de YouTube, usted, como experto en marketing o creador de contenidos, tendrá la oportunidad de crear contenido extremadamente ligero en comparación con las pesadas grabaciones y edición de los videos que sube regularmente. Otras grandes ideas para las historias pueden ser contenido tras bambalinas, entrevistas aleatorias y divertidas con miembros de su equipo, entregarle sus historias a un influencer, reseñas de productos, o videos instructivos como tutoriales, anuncios de descuentos, regalos, o adelantos de sus futuras campañas. Esta es la manera perfecta para crear contenido humorístico, entretenido y atractivo.

Impacto en los Usuarios

Los usuarios están mucho más dispuestos a ver historias que videos largos y pesados de más de cuatro o cinco minutos. Dado que el período de atención promedio de la mayoría de los usuarios es usualmente corto, las historias son la forma perfecta de captar su atención. Tanto así que alrededor del 63 por ciento de los usuarios de Instagram y Snapchat ven historias. Alrededor del 70 por ciento de ellos son estadounidenses, donde una mayoría de ellos son millennials o de la Generación Z.

Las Historias de YouTube se perciben más como contenido de entretenimiento que guías informativas. Han tenido un efecto emocional en los usuarios, captando su completa atención. La mayoría de los usuarios señalan que se involucraron completamente y que "buscaban más". Sus historias no tienen que ser perfectas, extremadamente editadas o "preparadas"; son ideales para crear una imagen más auténtica de su marca y mostrar a su audiencia el escenario real.

Creando Historias y Obteniendo Respuestas

Las Historias de YouTube pueden ser vistas en la página principal de la aplicación, destacando la foto de perfil del usuario. Solo debe hacer clic en el botón Crear, seguido por Historia. Presione el botón capturar para tomar fotos y manténgalo presionado para grabar videos. Edite su contenido usando una amplia gama de opciones disponibles de texto, stickers y música. También puede subir directamente una foto o video de la galería de su teléfono.

Los usuarios también pueden reaccionar y comentar sus historias y comentarios de otros con pulgar arriba, pulgar abajo, o ícono de corazón. Puede responder a los comentarios de sus seguidores con imágenes o videos, haciéndolas más interactivas. Sin embargo, habría sido más exitoso si se hubiera proporcionado una opción de "deslizar hacia arriba" para vincular su sitio web a sus historias como en Instagram.

¿Cómo se Ve el Futuro?

Si bien Snapchat e Instagram han sido exitosos introduciendo la función de las historias, YouTube aún tiene que ponerse al día comparado con otras redes sociales. Algunos usuarios y críticos han criticado a YouTube por agregar el ya sobreutilizado concepto de las historias. Algunos canales e influencers también estaban molestos acerca de la limitación de poder usar la función solo al conseguir una comunidad de 10.000 seguidores, lo que puede ser difícil en una plataforma tan competitiva como YouTube.

Mientras los canales y marcas más pequeños deben luchar para crecer, los canales ya establecidos conseguirán más seguidores usando la función de las historias. Sin embargo, si YouTube trabaja en algunos problemas como la habilitación de la opción para marcas más pequeñas, responder a los comentarios con texto, y vincular sitios web con la función "deslizar hacia arriba", entre otras cosas, seguramente tendrá éxito en los próximos años.

Estrategia 3: Publicidad en YouTube

Sin duda los anuncios de YouTube son la mejor manera de promocionar y vender sus productos, principalmente debido al poder del contenido en video. Incluso si ha desarrollado una espectacular campaña en video, no vale nada si no llega a una audiencia masiva.

Aquí es donde los anuncios de YouTube pueden ayudar. Puede haber encontrado anuncios relacionados a productos o servicios específicos que buscó recientemente. Cuando el contenido en video se relaciona al producto que desea, definitivamente verá el video completo para saber más. Así es como funcionan los anuncios en YouTube; dirigiéndose a palabras clave y búsquedas específicas.

Tipos de Anuncios de YouTube

Existen tres tipos de anuncios de YouTube para escoger para su negocio:

- **Anuncios TrueView**

Los anuncios que se pueden omitir que ve al comienzo de cada video se conocen como anuncios TrueView. Si bien son flexibles y le permiten experimentar con su tipo de contenido, también permiten a los seguidores usar el botón de llamada a la acción, aumentando la interacción. Un importante beneficio de los anuncios TrueView es que usted no paga por el anuncio a menos que su espectador haya visto más de 30 segundos de él, o haya usado el botón de llamada a la acción. Esto le ahorra dinero en seguidores que no están realmente interesados.

- **Anuncios Pre-Roll o No Omisibles**

Con una duración de entre 15 y 20 segundos, los anuncios pre-roll son anuncios que no se pueden omitir que aparecen antes que el video principal comience a reproducirse, o en medio de videos largos (también conocidos como anuncios mid-roll). Eran extremadamente molestos cuando se presentaron por primera vez, pero los espectadores ya se acostumbraron a ellos. Su empresa puede beneficiarse de ellos debido a que usted tiene el máximo potencial para crear un anuncio comercializado y dirigido a los espectadores interesados que verán el anuncio en video completo. Siguiendo un concepto de pago por clic, este método ofrece un espacio adecuado para su anuncio. Este tipo de anuncio también incluye un botón de llamada a la acción para los espectadores interesados.

● Bumper Ads

Con una duración habitual de seis segundos, los bumper ads están optimizados para teléfonos móviles y son la opción más corta para entregar contenido importante. Estos tampoco pueden ser omitidos, pero son mucho más tolerables debido a su corta duración. Al actuar como "aspectos destacados" o recordatorios de productos, eventos o lanzamientos importantes, los bumper ads se ven al final de los video principales. Similares a las Historias de YouTube, puede mostrar un vistazo del próximo lanzamiento, adelantos de sus nuevos productos, o una noticia emocionante respecto a su negocio.

A pesar de lo poderoso que puede ser el Marketing en YouTube, no olvide promocionar su contenido por varias plataformas de redes sociales. Esa es la única manera de ser visto y reconocido entre millones de otras marcas. Contrate influencers de YouTube que tengan una gran cantidad de fans para presentar su negocio de manera creativa, u opte por la promoción cruzada. YouTube es una excelente manera de promocionar su negocio, y debe comenzar a publicar el contenido adecuado y ser coherente en su canal lo antes posible.

Capítulo 9: Marketing en Twitter

Hace algunos años, usar Twitter como una plataforma de marketing era algo impensable. Sin embargo, a medida que pasaba el tiempo, los expertos en marketing y creadores de contenido se dieron cuenta de la importancia de Twitter, que les permitía interactuar directamente con sus clientes, usar imágenes y elementos visuales para crear autenticidad, y presentar su marca como humana. Básicamente, Twitter permitía a todas las marcas y compañías presentar su imagen en bruto al mundo, ayudándoles a construir conexiones emocionales y consiguiendo más atención hacia ellos. Entonces, creció como una importante plataforma de marketing a lo largo de los años.

De hecho, Twitter ha crecido tanto, que algunas marcas usan esta plataforma como su herramienta primaria de marketing. Y se sugiere que usted también la incluya entre sus principales plataformas de marketing. No se preocupe si está recién comenzando; este capítulo detalla algunos consejos y estrategias para ayudarlo a navegar en su bote de Twitter y ser reconocido fácilmente dentro de este mercado saturado.

Primero, para preparar las estrategias que definirá para campañas exitosas, algunos de estos consejos le servirán para preparar y seguir de manera efectiva las estrategias enmarcadas. Aunque algunas de estas fueron anteriormente discutidas, es necesario revisarlas para lograr un resultado favorable en el contexto del marketing en Twitter.

Estableciendo Metas y un Objetivo Final

Para enmarcar un conjunto de estrategias, debe hacerse algunas preguntas: "¿Cuál es el principal objetivo de lanzar mi marca en Twitter? ¿Quiero generar ingresos por ventas? ¿O simplemente quiero crear una imagen de marca?". También puede usar esta plataforma para aumentar la lealtad de sus clientes y mejorar su servicio al consumidor. Debe hacer una lista con todas las razones y objetivos que espera de todas las campañas, lo que lo ayudará a generar contenido de manera adecuada. Le ayudará a conformar un plan de marketing claro, y apuntar directamente a su objetivo principal.

Entonces, cuando haya definido sus objetivos, y comience a seguir un plan sólido, puede seguir su progreso y poner atención al rendimiento de su equipo. Su compañía establecerá un presupuesto para marketing en redes sociales, y es su trabajo crear un plan realista y establecer las estrategias que producirán el retorno esperado de la inversión.

Cantidad de Cuentas

Ya sea que su compañía consista en unas pocas personas que están recién comenzando, o que sea una compañía multifacética que tiene varios departamentos, debe pensar en la cantidad de cuentas que tendrá funcionando. Si ya tiene una cuenta de Twitter con una cierta cantidad de seguidores, eso ya muestra un gran potencial. Se recomienda que la convierta en una cuenta comercial para su compañía. Considere los departamentos o equipos distintos dentro de su compañía, y piense si tener cuentas independientes sería más efectivo o no.

Planificando Su Contenido

Para planificar su contenido y construir un estilo específico, debe saber qué quiere su público objetivo. En este momento ya sabe lo importante que es esto porque ya ha sido resaltado a lo largo del libro. Pavimenta un claro camino hacia el tipo de contenido que quiere crear, y el patrón que atraerá a sus seguidores. También es importante analizar su competencia y conocer el tipo de contenido que publican. Seguro quiere destacarse y crear su propia identidad dentro del mercado.

Cuatro Grandes Maneras de Planear

- *Tweets con Video en Vivo*

Ya conoce la importancia del marketing con contenido en video y cómo los usuarios se sienten más atraídos a este tipo de contenido. Hace algunos años, Twitter, como otras redes sociales, introdujeron la función de video en vivo, que ha sido bastante exitosa. Puede usarla para mostrar material tras bambalinas de su negocio y aumentar la interacción con sus seguidores. Alrededor del 80 por ciento de los usuarios recuerdan los videos que ven en línea. Esta es una estrategia en tiempo real que funciona maravillosamente para promocionar su marca. Sus seguidores tienen la oportunidad de echar un vistazo a los rostros detrás de su marca, y esta curiosidad atrae más participación.

- *Tweets en Hilos*

En ocasiones, su plan de marketing estará saturado de tweets y videos cortos. Aquí es donde los tweets en hilos pueden marcar la diferencia. Conectar hilos a sus tweets aumenta la curiosidad entre sus seguidores y le permite contar una historia en lugar de limitarse a unos pocos caracteres. Ahora es fácil para usted compartir la reseña de un producto, informar en detalle a sus seguidores sobre un evento de lanzamiento, o simplemente crear una irresistible táctica de narración. Esta característica le ayuda a agregar más texto a más hilos una vez que se ha publicado el tweet original.

- *Destacando Causas Sociales*

Si su marca apoya una causa social particular, es necesario resaltarla dentro de su contenido todo el tiempo. Desde guerras hasta el cambio climático, siempre hay algún problema o preocupación vigente alrededor del mundo. Como un canal global, debe mostrar su preocupación y tomar partido en contra de aquellos asuntos; sus seguidores no esperarán menos. Una vez que haya establecido un canal masivo, tendrá el poder de alcanzar a millones de personas a la vez y crear una conciencia importante. Esto no solo le ayudará a conectar su marca con personas de similar pensamiento, también hará que su canal destaque creando mucha participación. El hashtag "Tuitea por una Causa" ha sido popular en la plataforma, y por buena razón.

Cada vez que surge un importante asunto social, cultural o político, los "Twitterati" son quienes responden más rápido. Las personas ven muchos debates y preocupaciones siendo expresados por personas de muchas nacionalidades y orígenes a través de sus tweets. Debe considerar este factor ignorado y usarlo a su favor.

- *Marcando Eventos o Días Importantes*

Las personas alrededor del mundo celebran ocasiones especiales, festivales y eventos que son globales o específicos para un país o comunidad. Marcar estos eventos en su calendario y producir contenido en consecuencia puede ayudar a crear más participación del público. Por ejemplo, en la India se celebra el Diwali, el cual es un importante festival para el país. Crear contenido en torno al Diwali y su imagen de marca puede atraer mucha atención desde India, ayudándole a ganar muchos seguidores, y posiblemente un aumento en las ventas, debido a su enorme población.

Otro ejemplo de un evento que se reflejó en Twitter fueron los Globos de Oro en 2018. El hashtag "2018#GoldenGlobes" se viralizó, lo que fue seguido de muchos tweets importantes. Solo debe poner atención al calendario y buscar eventos en su región y alrededor del mundo. Puede ser cualquier cosa relacionada a la música, festivales, deportes, moda, películas, etc. Intente visitar tantos eventos como sea posible, especialmente si son importantes para su marca. Twittee en vivo mientras se encuentra allí, o tome tantas fotos como pueda. Solo ponga atención a los hechos alrededor suyo para permanecer al día.

Estos métodos para crear participación definitivamente ayudan, pero tres estrategias específicas pueden ayudar a su marca a tener una ventaja y llevar a una masiva interacción con su audiencia, las que a menudo son ignoradas por otras cuentas.

Estrategia 1: Respuestas Personalizadas

Proveer respuestas personales a sus seguidores, sin importar qué canal usan, es una manera genial de ganar su confianza y aumentar la interacción en general. Demuestra que hay humanos detrás de su marca, lo que puede jugar un papel fundamental en construir una imagen de marca accesible.

Usar Sarcasmo y Humor

Nuevamente, las personas saben cómo el humor y el sarcasmo pueden ganar un enorme número de usuarios. Puede usarlo para mostrar un lado más ligero de su marca. Existen muchos GIFs graciosos disponibles en Internet que pueden ser usados para demostrar su punto sin ofender a sus clientes y seguidores. Ser consistente en mostrar humor inteligente mantiene a sus seguidores esperando más contenido y respuestas por su parte.

Algunos ejemplos de marcas que constantemente usan ingenio en su contenido y respuestas son Netflix, KFC, Oreo y Moosejaw. Estas marcas saben cómo mantener su contenido original y fresco, así como mantener a sus fanáticos entretenidos con respuestas ingeniosas. Puede examinar a estas marcas más de cerca y sus estrategias de marketing para aprender más.

Sin embargo, las estadísticas demuestran que al 88 por ciento de los seguidores no le gustan las respuestas sarcásticas a sus dudas, y sienten como si las marcas se burlaran de ellos. Esto podría llevar a la caída de usted y el nombre de su marca, por lo tanto, es mejor evitar usar el humor si no es apto para ello. Incluso si su publicación se viraliza, podría llevar a muchas respuestas negativas en lugar de positivas. En este caso, es más inteligente evitar las bromas y tomar un camino más directo.

Escucha Social

Al comprar un producto, las personas depositan su confianza en usted y quieren recibir el valor de su dinero. Si no están satisfechos con sus productos o servicios, es su derecho reclamar y exigir un reembolso. Debe escuchar las consultas y quejas de sus clientes y atenderlas para construir una marca auténtica y confiable. Sin embargo, aléjese de los clientes que simplemente intentan aprovechar potenciales productos gratuitos o reembolsos ilegítimos.

Intente responder a sus clientes respondiendo personalmente a sus tweets o enviando un mensaje privado. Deje su dirección de correo electrónico o detalles de contacto para seguir adelante.

Chats de Twitter

Usar los chats de Twitter es la máxima forma de formar más conexiones y seguidores involucrándose en los temas adecuados de chat con personas y marcas que piensan como la suya. Requiere que usted permanezca activo en las conversaciones, siguiendo personas y manteniendo las relaciones vivas tras salir del chat. Esta es una manera no solo de atraer seguidores aleatorios, sino también aquellos quienes apreciarán su marca y la promocionarán de manera sincera. También puede comenzar su propio chat si tiene dificultad para encontrar uno donde "encaje". De cualquier manera, esto es genial para atraer más atención, lo que realmente ayudará a su marca. Manténgase al día con los temas, y participe en los chats de Twitter tanto como pueda. También puede promocionar sus chats de Twitter en otras redes sociales para atraer a sus seguidores a Twitter o utilice TweetDeck, Twubs o herramientas similares con este propósito.

Estrategia 2: Uso Adecuado de Hashtags

Todo el mundo conoce la importancia de los hashtags en Twitter. La mayoría de la exploración y las búsquedas tienen lugar mediante el uso de los hashtags adecuados. Sin embargo, tenga cuidado, ya que puede provocar el efecto contrario si no se usan de la manera correcta. Dependiendo del tipo de marca o contenido, investigue los hashtags adecuados o use herramientas que determinen un cierto conjunto de hashtags para publicar con su contenido. Esto le ayuda a marcar su presencia agrupando su contenido con publicaciones relevantes. De esta manera, los usuarios también pueden buscar su perfil de manera más fácil.

También hay una tendencia creciente a crear hashtags propios y animar a los seguidores a usarlos para aumentar la interacción. Por ejemplo, puede organizar concursos que permitan a sus seguidores etiquetar a otros usuarios con su hashtag creado, lo que tiene el potencial de viralizarse y ayudarlo a obtener reconocimiento.

Estrategia 3: El Uso de Elementos Visuales

El contenido visual ha demostrado atraer audiencias de manera tres veces más efectiva que el texto simple. Publicar contenido visual muestra atención y agrega personalidad a su cuenta. Ya sea una imagen, video o GIF, los seguidores reaccionan más al contenido visual, ya que tiende a entregar un mensaje más claro y mostrar esfuerzo.

Videos Cortos

Los videos cortos son la forma más verdadera de participación en cualquier plataforma de red social, y esto obviamente también aplica a Twitter. Con el uso extensivo de teléfonos inteligentes, más personas se están volcando a la aplicación móvil de esta plataforma y conformando más del 90 por ciento de las vistas de videos. Puede o publicar un video previamente grabado o experimentar con videos de diferentes duraciones grabando directamente desde su teléfono. Y debido a que se reproduce automáticamente, su audiencia se involucra instantáneamente en este tipo de contenido a medida que se desplazan.

GIFs

Los GIFs son un tipo de contenido subvalorado que puede lograr una poderosa acción de marketing. Son mucho, mucho más que gráficos breves y divertidos, y pueden ser usados para transmitir información robusta que captará la atención de su audiencia dentro de un breve periodo. También puede editar su contenido visual y compilar cortes para destacar sus productos y otra información importante relacionada a su marca.

Imágenes y Videos

Para crear contenido visual en la forma de imágenes y videos, puede usar las siguientes ideas de contenido para crear más participación:

- Cree una serie de videos en torno a "un día típico en la oficina" o tras bambalinas.

- Entreviste a todos los trabajadores uno por uno y hágalo un tipo semanal de contenido.

- Entregue su cuenta a un influencer para atraer más seguidores y darle un giro fresco.

- Incluya proyectos de bricolaje o publique videos instructivos mostrando sus productos.

- Realice cuestionarios y concursos de regalos para lograr más interacción con los usuarios.

- Opte por un crossover con otras marcas o compañías, dependiendo del tipo y tamaño de su marca.

- Use tweets de video, como se dijo anteriormente.

Algunos Consejos Más

Si bien estas estrategias son importantes para mantener su marketing vivo, existen algunas cosas a las que aún debe prestarle atención.

- *Construyendo un Gran Perfil*

Ahora que su cuenta de Twitter está funcionando, es momento de construir su perfil para crear un impacto en sus seguidores y audiencias futuras, además de construir una biografía brillante que capture la atención de seguidores potenciales, también necesita agregar palabras clave específicas, su ubicación y ciertos hashtags que fortalecerán su perfil. Sabe que ha tenido éxito en construir un perfil de primer nivel cuando sus seguidores le envían mensajes directos o lo felicitan por su presencia en tiempo real. También, posiblemente ganará seguidores rápidamente.

Dado que esta plataforma le permite usar pocos caracteres dentro de su biografía, debe ser inteligente escribiendo una introducción pegadiza, ya que actuará como la primera impresión en sus seguidores.

Haga que su marca sea vista ajustando aún más su perfil, usando su localización y estrategias SEO. También intente ser verificado tan pronto como pueda. Ser verificado muestra a sus usuarios que usted es auténtico, y que, por lo tanto, pueden confiar en su marca.

- *Profundizando en Analytics*

Puede usar Twitter Analytics para medir y revelar estadísticas detrás de la participación de su cuenta y seguidores. Puede visualizar los datos demográficos de su contenido, seguidores y ubicación. También puede medir la interacción con sus seguidores en cada publicación, como likes, comentarios y retweets. Esto le puede otorgar una imagen más clara respecto al tipo de contenido que genera más interacción, guiándolo en la dirección correcta.

- *Programando y Publicando*

Las personas están más activas en las redes sociales, particularmente en Twitter, durante ciertas horas del día. Es la hora peak de participación y la hora adecuada de publicar su contenido para obtener una máxima cantidad de likes, comentarios y retweets antes que su tweet se pierda en el olvido. Los horarios más sugeridos para twittear son las 12 del día, así como las 5 y las 6 de la tarde, pero esto puede variar dependiendo del tipo de seguidores y contenido.

Cuánto publica en un día también importan. Debe twittear al menos una vez al día para atraer más atención. Mientras mayor sea la frecuencia con la que twittea, más presencia gana. Intente experimentar con diferentes horarios y frecuencias para lograr la máxima participación. Programe sus contenidos y tweets adecuadamente, o use herramientas para predecir el horario óptimo para publicar, y subir contenido automáticamente.

Finalmente recuerde seguir su plan de marketing. No programe para luego olvidarse; sea consistente y siga adelante. Es un comienzo lento para todos, pero eventualmente, logrará construir una comunidad gigante mientras se mantenga consistente y original.

Capítulo 10: Marketing en Instagram

Instagram es una de las redes sociales más populares, con un total de más de 800 millones de usuarios. Lo que más sorprende de Instagram es que al menos 500 millones de usuarios están activos cada día, y el ritmo de crecimiento es tan grande que existe un aumento de 100 millones de usuarios por mes. Esto lo hace una plataforma esencial para cualquier negocio no solo para aparecer, sino también para difundir conocimiento respecto a su marca, atrayendo tráfico a su sitio web e impulsando sus ventas generales.

Si bien los usuarios de Instagram en un comienzo eran conocidos por ser mayoritariamente gente joven, haciéndolo extremadamente beneficioso para los negocios dirigidos a la juventud, las generaciones mayores también están adoptando la plataforma y han comenzado a aparecer allí, lo que le hace más fácil alcanzar varios tipos de público.

Usar Instagram es valioso para su negocio ya que la tasa de participación en las publicaciones, un increíble 4,21 por ciento, es 58 veces mayor que en Facebook y 120 veces mayor que en Twitter. Entonces, si busca hacer crecer su negocio, llegar a una audiencia más amplia, y obtener un mayor retorno sobre la inversión, a continuación, hay tres estrategias que debe usar en Instagram:

Estrategia 1: Historias de Instagram

Una de las cosas que ha hecho exitoso a Instagram es que su equipo siempre está desarrollando la plataforma y buscando maneras para asegurarse que los usuarios no solo la continúen usando, sino también permanecer por más tiempo. Una de las funciones que agregaron fueron las historias de Instagram, y se han vuelto una herramienta incluso más ventajosa y útil para usar. Eso es porque 400 millones de usuarios navegan por las historias de instagram cada día, haciendo de los anuncios en las historias una excelente manera de llegar a una mayor audiencia.

Entonces, ¿cómo usa las historias de Instagram a su favor?

Los anuncios en historias le permiten al anuncio de su negocio mostrarse entre historias y alcanzar usuarios a medida que navegan entre otras historias. Pero lo que es realmente cautivador acerca de las historias de Instagram es que le dan la oportunidad de ser mucho más divertido y creativo, así como visualmente atractivo. Los anuncios en historias le permiten a su negocio usar todas las características disponibles en las historias de Instagram para construir un anuncio que sea cautivador e interesante, o uno que requiera que un usuario se vuelva más interactivo. Aquí hay algunos consejos para ayudar a su negocio a aprovechar al máximo las historias de Instagram, especialmente porque el porcentaje de clics en las historias es mucho más alto que el de los anuncios en el feed, haciendo que el retorno de la inversión sea aún más alto:

Cree Contenido Divertido e Interesante

Usted tiene solo 15 segundos para transmitir su mensaje y llegar a su público, por lo que realmente tiene que aprovecharlo al máximo. Sin embargo, con las herramientas disponibles en las historias de Instagram, puede hacer que sus historias sean llamativas e interesantes. Estas herramientas incluyen texto superpuesto, el que le permite destacar el mensaje que quiere enviar y hacerlo destacar, de forma fuerte y clara. También puede usar los GIFs que están instalados en las características de las historias, que realmente son divertidos y tiernos, y tienen el poder de cautivar a la audiencia con su alegría.

Use Encuestas y Deslizadores

Otra característica de las historias de Instagram que realmente ayuda a construir una relación con la audiencia es el uso de encuestas y deslizadores para lograr que la audiencia interactúe con el perfil de su negocio. Con las encuestas, usted puede publicar una imagen y hacer que los usuarios voten por su preferida dándoles la opción de escoger derecha o izquierda. También puede hacer una pregunta y otorgar la opción de votar o usar una respuesta abierta. Sin embargo, en la mayoría de los casos, votar obtiene más respuestas ya que requiere menos esfuerzo por parte del usuario. Con los deslizadores, logra que la audiencia participe solo usando un emoji deslizante para reaccionar a su historia y mostrar que les gusta. La razón por la cual estas características de las historias de Instagram son una gran forma de contenido, es porque requieren que el público objetivo participe con su publicación, lo que lo ayuda a construir una relación más cercana con potenciales clientes.

Construya una Relación con Su Audiencia

Debido a que existen tantos negocios, la mayoría de los usuarios tienden a apreciar el hecho de volverse cercanos y ver qué ocurre tras bambalinas. Puede usar las historias de Instagram a su favor permitiéndole a su audiencia ver contenido tras bambalinas. Esto puede ser hecho mostrando el proceso de cómo sus productos cobran vida, tomando sus opiniones en diseños futuros, o incluso permitiéndoles ver los rostros detrás de la marca y construir una conexión personal con ella observando las actividades día a día. De esta manera, logran conocerlo a usted y a sus trabajadores a un nivel personal. Las historias de Instagram le permiten ser divertido, poco convencional o personal, ya que las historias duran solo 24 horas, lo que le permite que no es necesario adherirse 100% a su personalidad de negocios pulida y profesional.

Use Contenido Generado por los Consumidores

Las historias de Instagram le permiten a su negocio ser mucho más interactivo con la audiencia, ya que muchas campañas pueden ser impulsadas solo a través de Instagram. Esto puede hacerse pidiendo a su público que publique una foto con su producto para ganar un producto gratis, mostrar cómo lo usan en una forma inteligente, divertida o absurda, o tener una idea que anime al usuario a publicar en su nombre, etiquetando su cuenta, y también ayudándole a usted a alcanzar su audiencia.

Otros Consejos

Además de las encuestas, deslizadores y contenido generado por los usuarios, hay otras formas de hacer que su audiencia participe con sus historias. A continuación, se muestran algunos consejos para usar esta característica de forma efectiva:

- **Menciones**

Mencionar otra cuenta, usuario o incluso un influencer en sus historias es una manera fácil de hacer que re-publiquen su contenido en sus propias historias. Esto significa que usted puede alcanzar una audiencia más amplia.

- **Highlights**

Una de las características actualizadas de Instagram le permite guardar historias en su perfil como momentos destacados y mostrarlos a otros usuarios cuando recién llegan a su página. Esto hace más fácil mostrar cualquier cosa que sea importante para usted.

- **Etiquetas Geográficas**

Una de las características de las historias de Instagram que le permite llegar a una audiencia específica es el uso de etiquetas geográficas. Estas apelan a usuarios de un área específica ya que se conectan más con su marca, e incluso pueden ser vistos por personas dentro de esa ubicación incluso si no lo siguen.

- Hashtags

En Instagram los hashtags son todo. Usar uno en sus historias la agregarán automáticamente a la lista de publicaciones en aquel hashtag, ayudándole a su negocio a ser más visible a nuevos usuarios y potenciales seguidores.

Estrategia 2: Publicaciones de Compras

Para los negocios que usan Instagram como una herramienta para promocionar sus productos, Instagram Shopping realmente puede ayudar a impulsar las ventas. En lugar de depender de que sus usuarios se dirijan a su sitio web, herramienta, o incluso enviarle mensajes directos para preguntar por más información, Instagram Shopping les permite hacer una compra en ese mismo momento.

¿Por Qué Instagram Shopping es una Gran Herramienta de Marketing?

- Actúa como una Tienda Virtual para Su Negocio

Con Instagram Shipping, ahora puede mostrar los precios de sus productos cada vez que un usuario toca la foto en su feed. Para hacer las cosas incluso más fáciles para que el usuario haga una compra instantánea, pueden tocar el precio, escoger el tamaño y el color que quieren, y finalizar la compra. Esto también aumenta el nivel de participación en cada publicación; mientras más personas la vean, más toques tendrá.

- Le Permite Dirigir Más Tráfico a Su Tienda

Si no quiere usar Instagram como su tienda virtual, y está más interesado en ganar más tráfico en su sitio web, puede fácilmente redirigir usuarios a su tienda una vez que hayan hecho clic en la publicación en su feed, revisado el precio, y decidido hacer la compra. Instagram Shopping le permite agregar un enlace a su sitio web o tienda virtual, y hacer que la gente haga la transacción allí, aumentando el tráfico en su sitio web a través de su cuenta de Instagram.

- **Le Da a Su Negocio Muchas Maneras de Presentar Sus Productos**

Puede escoger mostrar sus productos en un carrusel, permitiendo a su negocio presentar una variedad de productos al mismo tiempo por la habilidad de etiquetar 20 productos diferentes en la misma publicación. Esta es una gran herramienta de publicidad, ya que puede mostrar una colección completa y alcanzar más de una audiencia a la vez, mientras sigue pagando lo mínimo.

Otra opción es usar una publicación en el feed, donde puede etiquetar hasta cinco productos. Esto le permite armar un conjunto completo o una exhibición con productos que se complementan entre sí. Incluso puede publicar historias de Instagram con los productos etiquetados, otorgándole la habilidad de usarlos como anuncios de historias.

Configurando Instagram Shopping

Si ya tiene una cuenta de Instagram para su negocio, configurar Instagram Shopping es muy simple:

- **Paso 1: Asegúrese Que Su Cuenta Comercial Cumpla con los Requisitos de Instagram Shopping**

Su negocio debe estar ubicado en uno de los 46 países aprobados, como Estados Unidos, Canadá, Puerto Rico, Francia, Reino Unido, Alemania, Italia, España, Holanda, Suecia, Suiza, Irlanda, Sudáfrica, Bélgica, Austria, Polonia, Grecia, Portugal, y más.

Además de ello, debe tener un perfil de negocios en Instagram.

- **Paso 2: Conecte su Cuenta de Instagram a un Catálogo de Facebook**

Para configurar un catálogo de productos en Instagram, debe tener una página de Facebook vinculada a su cuenta de Instagram, con un catálogo de Facebook mostrando sus productos.

Puede hacer esto yendo a su página comercial de Facebook y agregar una sección de tienda. Todo lo que debe hacer es hacer clic en la pestaña Tienda y ejecutar los siguientes pasos:

1. Presione en Crear Tienda y acepte los términos y condiciones

2. Ingrese la dirección del negocio y haga clic en Siguiente.

3. Elija qué moneda le gustaría usar en su tienda de Facebook, luego ingrese la dirección de correo electrónico de su negocio y haga clic en Siguiente.

4. Ingrese la información de registro fiscal.

5. Una vez que haya hecho clic en Finalizar, puede comenzar a agregar productos a su tienda.

- **Paso 3: Su Cuenta será Verificada**

Luego Instagram verificará su cuenta y revisará si usted cumple con todos los requisitos antes de otorgarle acceso. Esto puede demorar un poco, así que tenga paciencia.

- **Paso 4: Agregue Etiquetas de Productos a Sus Publicaciones**

Cuando Instagram le haya dado luz verde y le haya otorgado acceso a Shopping, puede empezar a etiquetar productos en sus publicaciones de la misma manera como etiqueta personas.

Luego de escoger una foto de su galería, editar los filtros, y agregar las leyendas y hashtags que quiere incluir en su publicación, encontrará una opción de Etiquetar Productos justo debajo de Etiquetar Personas. Haga clic allí y comience a escribir el nombre del producto. Recuerde: puede etiquetar hasta cinco productos en su primera publicación. Cuando esté listo, puede compartir su publicación, y será agregada a su feed.

Estrategia 3: Anuncios de Instagram

Debido a la popularidad de Instagram, es una gran herramienta para que las empresas la utilicen con fines publicitarios. Le permite ser mucho más creativo y alcanzar una audiencia más amplia, así como asegurar un mayor retorno de la inversión debido a la alta tasa de participación, haciéndola una herramienta publicitaria útil y económica. Puede incluso incluir anuncios de Instagram en sus campañas de anuncios de Facebook, es fácil y sin complicaciones. Aquí hay algunas maneras con las que puede obtener resultados óptimos publicitando en Instagram:

Anuncios en Video

Los anuncios en video son el futuro de las redes sociales, y por eso es tan esencial incorporarlos en su estrategia de publicidad. Con un 72 por ciento de publicaciones compartidas en Instagram siendo fotos, los videos le dan a su negocio una real ventaja para sobresalir. Sin embargo, cuando las usa como una herramienta publicitaria, debe asegurarse que sus videos sigan teniendo la atracción visual que encaja con la identidad de la plataforma. Esto puede hacerse presentando el video con colores y lindas imágenes. También, intente evitar ser extremadamente promocional. Para obtener los mejores resultados usando anuncios en video, debe hacer el video breve y cautivador manteniéndolo divertido o interesante. Puede invocar una cierta emoción, ofrecer un consejo rápido o un consejo.

Otro consejo al crear anuncios en video es usar videos verticales, ya que usan más espacio en la pantalla y le permiten a su video reproducirse automáticamente cuando alguien navega por su feed. Esto significa que el tamaño ideal de videos en Instagram es de 600x750. Para captar la atención del usuario instantáneamente, debe comenzar a trabajar e iniciar su video con algo que convenza al usuario de detenerse en él. Aunque sea un video promocional, debe evitar comenzar su video con el logo de una compañía o cualquier cosa que parezca muy promocional, o de lo contrario perderá su atención inmediatamente. Recuerde que, para empezar, la mayoría de las personas tiene el sonido apagado, por lo que debe usar poderosos elementos visuales para convencerlos de encender el sonido.

GIFs o Boomerangs

El contenido en video no tiene que ser producido y filmado. Incluso puede ser elaborado usando GIFs animados de sus productos, o incluso uno de sus productos petrificado con una herramienta de GIF animado que le agrega un poco de autenticidad y carácter. Otra gran opción es usar Boomerang, el cual muestra un movimiento divertido en la pantalla, haciendo que su producto parezca mucho más atractivo. Puede usar los elementos visuales de un cliente usando su producto, sacándolo de su caja, o colocándolo en un ambiente. Es pegadizo, breve, y definitivamente destacará en un mar de fotografías, haciéndola una gran manera de llegar a su audiencia y usar la publicidad en Instagram a su favor.

Influencers

Ya sea que le guste o no la idea de los influencers, ellos realmente ayudan a alcanzar una audiencia más amplia y a crear conciencia sobre su marca o producto. Hay muchos niveles de influencers en Instagram, y no todos ellos son costosos. Encontrará influencers de gama media, quienes aún tienen miles de seguidores, pero no cientos de miles o millones, haciéndolos una opción más económica.

La razón por la cual colaborar con un influencer produce excelentes resultados en Instagram es porque tienen una gran cantidad de fanáticos que los admiran, disfrutan su contenido, y confían lo suficiente en ellos como para escuchar lo que dicen. Debido a la alta tasa de participación que la mayoría de los influencers tienen, cuando le envían un saludo a su negocio o lo mencionan en sus historias, publicaciones o videos breves, lo más probable es que obtenga algunos seguidores y les haga saber que su negocio existe. Sin embargo, es esencial escoger cuidadosamente al influencer con quien colaborará, ya que quiere asegurarse que se dirigirá a la audiencia correcta y que su imagen no dañará a su negocio de ninguna manera.

Lead Ads

Una de las ventajas de usar lead ads en Instagram es que no requieren que la audiencia haga un gran esfuerzo, pero igualmente le permiten dar el primer paso para construir una relación con un cliente sin ser muy promocional. Esto puede hacerse pidiéndoles suscribirse a su boletín informativo, o recibir un consejo, un obsequio o actualizaciones por correo electrónico. Sin embargo, dado que Instagram ya almacena la información necesaria, no es necesario que los usuarios llenen un formulario con sus detalles, sino automáticamente se muestra la información personal que el cliente necesita. Solo se requiere que hagan clic en "enviar".

Anuncios en Historias

Como se dijo anteriormente, las historias de Instagram están ganando popularidad, haciéndolas una excelente herramienta publicitaria. Si bien puede escoger entre muchos tipos diferentes de historias para mostrar a sus usuarios, en general, una historia atractiva probablemente funcionará de mejor manera. Esto puede hacerse mediante encuestas, deslizadores, lead ads, o hacer que los usuarios deslicen hacia arriba y lleguen a su sitio web. Solo tenga en mente que tiene solo 15 segundos para captar su atención, por lo que su anuncio realmente debe ser cautivador.

Existen muchas razones por las cuales un negocio debe tener una presencia sólida en Instagram. Dado que es una plataforma en constante crecimiento, es una gran herramienta de marketing que cualquier negocio puede usar. Ayudándole a alcanzar sus metas de marketing, ya sea alcanzar una audiencia más amplia, impulsar las ventas, o tener una presencia en línea más sólida, Instagram es una herramienta que su negocio debe usar.

Capítulo 11: Marketing en Snapchat

Más que solo una red social de entretención, Snapchat es ampliamente usada para marketing estos días. ¿Pero acaso usted dice "pero no es más que filtros y lentes extravagantes"? Bien, las marcas se están empezando a dar cuenta del potencial de esta herramienta subvalorada que ha evolucionado con los años. El concepto de imágenes y videos que desaparecen fue considerado una vez como contenido débil que no ganaría mucha interacción. En esos momentos, crear un presupuesto e invertir en esta plataforma parecía una pérdida de tiempo y dinero. Sin embargo, con muchos experimentos y una vasta experiencia de largos años, este concepto se ha convertido en una poderosa estrategia para todas las marcas que intentan dejar su marca en línea.

Snapchat una vez fue testigo de un punto bajo tras su lanzamiento, pero luego escaló rápidamente entre los años 2015 y 2016, cuando los usuarios se duplicaron desde 100 millones a 200 millones en todo el mundo. Alrededor del 75 por ciento de esos usuarios estaban diariamente activos en Snapchat. Si su marca apunta a una audiencia más joven, como usuarios en torno a los 20 años y la población de la Generación Z, Snapchat es la plataforma adecuada para usted.

¿Por Qué Snapchat?

Algunas sorprendentes estadísticas revelaron el poder de esta red social y cómo puede ser una importante herramienta para que su negocio consiga más ganancias y ventas. Como se mencionó, Snapchat atiende a 200 millones de usuarios quienes colectivamente ven más de 10 mil millones de videos cada día. Mientras los usuarios ven este apabullante número de videos, ellos de manera entusiasta contribuyen a ellos y producen alrededor de 3 mil millones de videos cada día, con un 76 por ciento de ellos incluyendo productos para vender en línea. Snapchat recientemente ha superado a otras plataformas como Twitter, LinkedIn y Pinterest en términos de usuarios regularmente activos. Una fracción significativa de esos usuarios está basada en Estados Unidos y Norteamérica.

Razones para Incluir a Snapchat en su Plan de Marketing

● **Proporciona Una Forma Diferente de Participación**

Este libro ha discutido una y otra vez cómo las historias, como concepto de participación, han florecido. Y de eso se trata Snapchat; imágenes y videos que desaparecen luego de 24 horas. Los usuarios seguramente recordarán las imágenes en movimiento y los videos mejor que el contenido de texto fijo. Las historias le brindan la oportunidad de crear contenido creativo que permanece fresco y no se vuelve repetitivo. Es muy probable que sus usuarios no recuerden el contenido publicado un mes atrás, lo que puede ser una importante ventaja. Puede crear campañas o fragmentos de sus largos videos para ofrecer a sus usuarios un adelanto de su siguiente proyecto, como Taco Bell lo ha estado haciendo durante algún tiempo.

● **Se Ubica Entre las Plataformas Menos Competitivas**

Como se dijo al inicio de este capítulo, Snapchat ha sido subestimado como plataforma de marketing. Muchas marcas aún evitan su uso y se han volcado a Instagram, Facebook y Twitter. Ya es hora de que utilice esta plataforma y la aproveche al máximo. Dado que muchas marcas y compañías aún no descubren el potencial de marketing de Snapchat, hay menos competencia allí. Es el momento adecuado para establecer su presencia y crear interacción a través de esta plataforma.

- Relajada

Si su compañía exige un lenguaje más bien profesional y formal para interactuar con los usuarios, Snapchat no es para usted. Sin embargo, esta plataforma ha otorgado cierta personalidad a la mayoría de las marcas que la utilizan. Con contenido que desaparece, filtros, lentes, doodles, videos en tiempo real y bitmojis, este medio es fresco, puro y peculiar, por lo que atrae a un público más joven. No lo presiona a usted o a su marca a ser más formal. De hecho, lo anima a ser más interactivo con sus seguidores, mostrándoles el verdadero rostro de su marca.

- Impulsada por la Tecnología

Muchas redes sociales usan características actualizadas tecnológicamente como geolocalización y realidad aumentada. Snapchat lo inició todo. Con nuevos filtros, lentes y características que son actualizadas cada cierto tiempo, dentro de la plataforma, Snapchat puede ser llamada experta en tecnología. Este libro ha discutido el origen, la importancia y el futuro de la realidad aumentada en los capítulos anteriores, junto con cómo los usuarios y potenciales seguidores pueden ser atraídos con esta característica para marketing efectivo.

Estrategia 1: Historias Vinculadas

La característica de "deslizar hacia arriba" en Snapchat ha sido útil desde su presentación, especialmente para marcas y compañías que intentan generar ingresos a través de las redes sociales. Ahora puede adjuntar enlaces de sitios web o aplicaciones a cualquier historia o snap que envía a sus clientes, y se ha convertido en una de las estrategias más poderosas de marketing. Una vez que sus clientes hagan clic en el enlace de "deslizar hacia arriba", son dirigidos a una nueva ventana que contendrá un artículo relevante o su sitio web. Al funcionar más bien como anuncios, el concepto de historias vinculadas será más discutido en este capítulo. Pero antes de eso, primero, comprenda el procedimiento de adjuntar enlaces a sus historias.

➢ Haga clic en una imagen relevante o grabe un video basado en su requerimiento de contenido, o suba una imagen de su galería. Agregue filtros, emojis, música y stickers si lo prefiere.

➢ Cuando revise la vista previa del snap, verá un ícono que representa los sitios web y URL vinculados.

➢ Tendrá una opción de Escribir una URL. Copie y pegue la URL del sitio web que quiere vincular, o escríbalo si lo recuerda. Puede ver este enlace en una ventana dentro de la aplicación.

➢ Luego, puede encontrar una opción de Agregar al Snap en la parte inferior de la página. Tóquela para vincular su sitio web con su imagen o video. Ahora puede enviarlo a sus amigos o ponerlo como una historia.

Esta útil característica también puede ser usada dentro de los chats. Solo necesita copiar y pegar la URL en los chats o directamente escribirlas al responder a sus amigos. Aunque esta característica ha estado funcionando desde julio de 2017, no muchas compañías la están aprovechando. Por lo que es una buena idea enlazar sus historias directamente con la página de la tienda de su compañía o blog creando contenido atractivo para impulsar más ventas y aumentar el tráfico.

Estrategia 2: Snaps Tras Bambalinas

Esta es, por lejos, la forma más pura de interacción que cualquier marca puede ofrecer. Al mostrar escenas tras bambalinas a sus seguidores, incrementa sus chances de interacción y participación ya que tienden a confiar más en usted. Estos exclusivos vistazos e información serán muy apreciados por su audiencia. Es realmente un placer ver la elaboración de los productos favoritos de las personas, y el trabajo realizado por cada miembro de su equipo. Cuando sus clientes conocen y tienen acceso a todo lo que ocurre en el backstage de su trabajo, pueden confiar plenamente en usted al familiarizarse con el ambiente y el carácter de su empresa.

Cómo Usar Contenido Tras Bambalinas en Snapchat

- **Un Día en su Oficina**

Grabe un día entero en su lugar de trabajo y destaque los puntos importantes que hacen emocionante un día de trabajo regular. Comience ingresando a su oficina, teniendo interacciones y conversaciones normales con sus colegas como lo haría normalmente, y agregue algunos vistazos de momentos importantes.

- **Preguntas y Respuestas de los Trabajadores**

Permita que su equipo completo maneje la cuenta de Snapchat de su marca y que se hagan entrevistas entre ellos mismos, o con cualquier seguidor entusiasmado cuando haya conseguido algunos. Incluya respuestas a preguntas como "¿Por qué te gusta trabajar aquí?" y "¿Cómo esta marca se ha vuelto una parte importante de tu vida?".

- **Cómo se Hace**

Si tiene una fábrica o un taller que fabrica sus productos, lleve a sus seguidores a un recorrido virtual para mostrarle cómo se hacen sus productos. Esto mostrará la verdadera calidad de sus productos y demostrará a sus clientes que no tiene miedo de mostrarles el proceso.

- **Humor y Diversión**

Si su equipo consiste en personas hilarantes, puede hacer algunas bromas o acertijos entre ellos, o simplemente crear contenido divertido para mantener a su audiencia completamente comprometida. El contenido divertido ciertamente se difundirá y será compartido con más frecuencia, haciendo que sus clientes y seguidores quieran más.

Estrategia 3: Anuncios de Snapchat

Los anuncios de Snapchat son una nueva función diseñada para expertos en marketing y creadores de contenido, y han resultado un éxito espectacular. Esta nueva actualización ha permitido a las marcas y empresas alcanzar millones de usuarios alrededor del mundo y crear conocimiento de marca. Ya sea que necesite impulsar ventas o incrementar el tráfico en su sitio web y plataformas de redes sociales, los anuncios de Snapchat sirven para todos esos propósitos. Esta función les permite a los usuarios visitar su sitio web directamente o guiar a los seguidores locales y usuarios hacia su tienda. También los lleva a descargar su aplicación creando un enlace hacia la Play Store o App Store.

Puede poner sus anuncios entre medio de sus historias luego de planificar cuidadosamente el contenido de un día en cualquier campaña. Al mostrar a sus seguidores su intención y propósito, puede hacer que se interesen en deslizar hacia arriba el enlace en el anuncio. Como se mencionó, puede guiarlos hacia su sitio web, tienda en línea, aplicación, lentes de realidad aumentada o video para aumentar la interacción y la participación.

Tipos de Anuncios

Snapchat ofrece muchas opciones publicitarias que son muy efectivas en aumentar los seguidores y la participación. Dependiendo de su marca y el contenido que crea, las siguientes características o tipos de anuncios pueden usarse para promover sus productos o servicios a la perfección.

- **Collection Ads**

Principalmente útiles para compras e impulsar ventas, los Collection Ads le permiten mostrar una gama de productos que pueden ser visto con simples toques y comprados fácilmente a través de un enlace de deslizar hacia arriba a su sitio web o tienda en línea.

- **Snap Ads**

Consisten en una sola imagen o video, los Snap Ads le brindan el diseño de una imagen, video o GIF que le permite a los usuarios acceder al sitio web de su marca o al enlace de su aplicación con un solo deslizamiento.

- **Anuncios en Historias**

Esta función muestra su anuncio en la forma de un mosaico "Descubre" junto a otros anuncios populares y de moda en los feeds de sus usuarios. Esto apunta a sus potenciales usuarios basándose en los datos demográficos relevantes

- **Filtros y Lentes**

Ahora puede crear sus propios filtros y lentes, y personalizarlos según la imagen de la marca. Es una manera impecable para generar interacción con sus clientes a través de la realidad aumentada y filtros divertidos.

- **Videos No Omisibles o Comerciales**

Al igual que en Instagram y Facebook, también puede crear contenido de video de calidad comercial que no se puede omitir, para servir como anuncios para su marca. Puede ubicarlos entre su contenido premium y generalizado.

Administrador de Anuncios de Snapchat

Con la versión comercial de Snapchat, puede crear anuncios en el momento. Esta red social ha creado el Administrador de Anuncios, la cual es una herramienta de autoservicio para crear anuncios. Le da la flexibilidad de crear excelente contenido en imágenes y video y administrar sus anuncios sin costo alguno. Una vez que tenga su cuenta configurada en el Administrador de Anuncios, estará listo. No solo puede crear contenido y planificar sus campañas a través de esta herramienta gratuita, también puede escoger su audiencia dependiendo de su ubicación, y analizar el rendimiento de sus anuncios.

En la ventana del Administrador de Anuncios puede acceder al Panel de Control y a la Librería Creativa para crear, editar y ver sus anuncios. La opción de Público Personalizado le permite crear y dirigir su audiencia dependiendo de su marca, ubicación y otros datos demográficos. Finalmente, el Centro de Ayuda le permite navegar a través del Administrador de Contenidos y guiarlo a través de problemas comunes.

Eche un vistazo a cómo funciona el Administrador de Anuncios y algunos pasos necesarios que se deben tomar:

1. Primero, identifique el objetivo principal detrás de su anuncio o campaña, ya sea para generar más interacciones, aumentar los seguidores o solo expandir el conocimiento de la marca.

2. Establezca una fecha de inicio y término con una programación adecuada para su anuncio, además de elegir un nombre.

3. Dependiendo de la edad, género, ubicación, idioma, datos demográficos y tipo de seguidores, defina su audiencia objetivo usando las opciones disponibles.

4. Luego, establezca un presupuesto. El mínimo es $100. Esto le permite a Snapchat mostrar su anuncio a los usuarios que están interesados en su negocio y que es probable que compren sus productos o instalen su aplicación.

5. Elija su tipo de snap de las opciones Solo Snap Superior, Vista Web, Instalación de Aplicación, o Video de Formato Largo. Cree su título, escriba el nombre de su marca, y finalmente, seleccione su botón de llamada a la acción.

Después de haber lanzado su anuncio, puede monitorear su rendimiento a través de la función de métricas de los anuncios. Esta le notifica acerca del alcance de su campaña, el dinero gastado, y las impresiones que ha logrado. Es altamente recomendable que use el Administrador de Anuncios si planea usar Snapchat como su plataforma de marketing.

Consejos Adicionales

Estas tres estrategias pueden convertirse en importantes principios rectores para su plan de marketing en Snapchat. Sin embargo, para hacerlo aún mejor, debe considerar estos siguientes consejos:

No Haga Publicaciones Cruzadas

Si bien la gente sabe que Instagram y Facebook copiaron el concepto original de Snapchat de publicar contenido a través de historias, aún mantiene su auténtica autoría. Sin embargo, algunas marcas publican cruzadamente el mismo contenido en Snapchat, Instagram, Facebook y Twitter, una y otra vez. En algún momento esto se vuelve monótono y aburrido. Si hace esto, podría perder muchos seguidores en todas sus plataformas de redes sociales, lo que podría ser riesgoso para su marca, especialmente si tiene un negocio en línea.

Planifique su contenido de manera diferente para todas las redes sociales que usa, e intente no ser repetitivo. A veces, podría quedarse sin ideas, y publicar cruzadamente de vez en cuando está bien. Pero por ningún motivo debe hacerlo regularmente. Mantenga su contenido diverso, pero siga el idioma de su marca. Esto hará que sus seguidores se sientan curiosos y los motivará a seguir su marca en cada red social para saber qué se está preparando.

Llegue a la Audiencia Correcta

A veces, incluso si vende productos que son eficientes y muestran mucho potencial, es posible que no logre impulsar las ventas y generar los ingresos planificados en un período específico de tiempo. También podría ir por el camino correcto en lo que respecta al marketing en redes sociales. Entonces, ¿qué podría salir mal? Un importante factor que podría alterar la interacción con sus seguidores, y llevar a bajas ventas, podría ser la incapacidad de su negocio en llegar a la audiencia relevante. Debe llegar a los usuarios accesibles de Snapchat que genuinamente podrían estar interesados en sus productos.

Puede dirigirse a usuarios basándose en su edad, ingreso familiar, género, likes y dislikes, hábitos, ciudad y país. Snapchat ofrece algunas sorprendentes herramientas para identificar y dirigirse a sus potenciales clientes, lo que podría cambiar completamente su forma de hacer marketing en redes sociales y generar más ventas.

Como otras redes sociales, Snapchat también puede ser intimidante al comienzo. Solo necesita mantenerse paciente y ser consistente para establecer la presencia de su marca y crear interacción espectacular. Ahora que ha leído acerca de varias redes sociales en detalle, es momento de construir sobre esta información y formular su plan de marketing. Sin embargo, antes de llegar a ese punto, continúe leyendo para aprender más acerca del marketing de influencers y las principales herramientas que puede utilizar este año para pulir sus estrategias de marketing, así como el futuro del marketing en redes sociales para ayudarlo a mantenerse a la vanguardia.

Capítulo 12: El Auge del Marketing de Influencers y Cómo Usarlo

El marketing de influencers es una gran herramienta de marketing para su negocio debido a su extrema efectividad. No solo el 86 por ciento de los expertos en marketing han usado activamente el marketing de influencers, también la cantidad de búsquedas de "marketing de influencers" en Google ha aumentado un 1.500 por ciento durante los últimos tres años.

La razón por la cual la inclusión del marketing de influencers en las estrategias de marketing de los negocios se ha vuelto imperativa, es porque los influencers en las redes sociales le ayudan a alcanzar su público objetivo específico y aumentar el conocimiento de su marca. Eso es porque los influencers de redes sociales tienen una gran cantidad de seguidores, así como una gran conexión y relación con sus fanáticos. Esto hace que su público objetivo sea confiable, leal, y esté dispuesto a seguir el consejo de sus modelos a seguir.

¿Por Qué el Marketing de Influencers Está en Aumento?

El marketing de celebridades se ha usado por décadas, donde una celebridad respalda a una cierta marca, convirtiéndose en la imagen de la marca o siendo vista usando sus productos. Sin embargo, usar una celebridad no solo es un método costoso, tampoco es tan efectivo, ya que la mayoría de las personas en estos días están al tanto de que es una estrategia de marketing.

Actualmente, con las redes sociales dando voz a los clientes regulares, se les ha permitido a las personas que están interesadas en un sector específico obtener reconocimiento por su autenticidad y conocimiento. Ya que las personas con los mismos intereses comienzan a seguir sus viajes, la cantidad de sus seguidores aumenta, convirtiéndolos en un influencer. Debido a que son clientes de la vida real que ofrecen información auténtica y valiosa, así como reseñas para sus seguidores, son considerados modelos a seguir que tienen el poder de influir en las decisiones que los seguidores toman. Basándose en estadísticas otorgadas por Mediakix, el 80 por ciento de los expertos en marketing están de acuerdo que el marketing de influencers es efectivo, y el 71 por ciento también concluye que los clientes generados por el marketing de influencers son de excelente calidad.

Como experto en marketing, usar influencers para ayudar a promocionar un negocio es una excelente manera de llegar a una audiencia que no solo está interesada en lo que ofrece su negocio, sino también se convierten en potenciales compradores, lo que lleva a un impulso en las ventas y los ingresos. Esto es porque la base de fans de los influencers usualmente consiste en aquellos que comparten un interés en el nicho de mercado del cual usted es parte, y tienden a seguir a esos influencers para ganar más conocimiento sobre ese sector. La diferencia entre los influencers y las celebridades es que el nivel de confianza, lealtad y participación de las redes sociales de un influencer es mucho mayor, haciendo que el retorno de la inversión y el resultado del marketing de influencers sea mucho más beneficioso para su negocio.

¿Cómo un Negocio Usa el Marketing de Influencers?

Hay muchos influencers disponibles para cualquier sector en el cual pueda pensar. Encontrará influencers de viajes, moda, comida, estilo de vida y belleza; vloggers y bloggers; defensores de los derechos humanos, derechos LGBTQ+, e igualdad de género; así como personas que luchan por cualquier otra causa social o ambiental, y muchos otros.

Entonces, la primera cosa que los negocios deben hacer es averiguar quiénes son los influencers en su sector. Esto puede hacerse revisando sus seguidores, ya que podría darse cuenta de que algunos de sus clientes son influencers que creen en su marca y lo que tiene para ofrecer. También puede analizar a las otras personas que sus fans siguen y señalar a quiénes encuentran influyentes.

¿Qué Puede Hacer un Influencer por Su Negocio?

La ventaja de trabajar con influencers de nicho es que genera el tipo exacto de público objetivo que busca; las personas que tienen más probabilidades de convertirse en potenciales clientes. Todo lo que debe hacer es escoger el tipo de influencer que se alínea con su marca y es relevante para su nicho de mercado.

De hecho, muchos negocios tienden a usar el marketing de influencers para aumentar el conocimiento respecto de sus marcas. Las estadísticas muestran que el 37 por ciento de los expertos en marketing han admitido haber usado marketing de influencers para construir conocimiento de su marca por lo efectivo que es, pero esta no es la única razón. Aquí hay varias otras maneras en que su negocio puede beneficiarse al trabajar con influencers:

Hacer Reseñas de Sus Productos o Servicios

Una de las maneras más comunes de usar un influencer es enviándoles un producto para que lo usen o hacer que prueben sus servicios por sí mismos. Luego, ellos darán su opinión honesta y ofrecerán reseñas respecto de su experiencia con su marca. Esto le ayudará a su negocio ganar más potenciales clientes, ya que trabajar con un influencer de nicho le dará acceso a la audiencia correcta.

Dar un Saludo a Su Negocio

Ya sea mediante una publicación, video breve, o incluso historias, un influencer que le envíe un saludo a su negocio ayudará a su base de seguidores familiarizarse con lo que su marca tiene para ofrecer. Esta puede ser una gran manera de generar más seguidores segmentados.

Hacerse Cargo de Su Cuenta

Otra forma de usar a un influencer para propósitos de marketing es permitiéndoles que se hagan cargo de sus redes sociales. El influencer tendrá acceso a su cuenta e interactuará con su audiencia directamente. De esta forma, sus seguidores pueden hacer preguntas, y el influencer las responderá, ofreciéndoles saber más sobre su día y dándoles una oportunidad de conectarse con una persona a la que admiran. Debido a que los influencers tienden a anunciar por sus redes sociales que tomarán el control de su cuenta, sus seguidores también se dirigirán a su cuenta, atrayendo más tráfico y participación, y expandiendo el conocimiento respecto a sus productos o servicios.

Colaboración

Puede elegir colaborar con un influencer haciendo que anuncien sus últimas campañas, dando un código de descuento por sus productos a sus seguidores, o incluso convirtiéndose en embajador de la marca para su negocio. Todo esto puede ayudarlo realmente a impulsar las ventas, ya que su base de fanáticos tendrá mucha fe y confianza en las recomendaciones del influencer.

Creación de Contenido

Muchas personas tienden a usar influencers porque son buenos creando contenido de video auténtico y real que atrae al consumidor. En lugar de gastar grandes sumas de dinero en producir videos profesionalmente, puede gastar una fracción de ese precio en contratar a un influencer que creará contenido atractivo para su marca. De esa manera, se asegurará que el nivel de participación será extremadamente alto, ya que tendrá a sus familias, amigos y seguidores para avalarlos.

Micro-Influencers vs. Influencers Famosos: ¿Cuál Tipo de Influencer es Mejor para Su Negocio?

Cuando se trata de influencers, siempre existe el dilema de qué tipo utilizar. Existen influencers famosos que tienen cientos de miles o a veces millones de seguidores, mientras que los micro-influencers tienen miles o decenas de miles de seguidores. Entonces, ¿cómo elige cuál es mejor para su negocio?

La cantidad de seguidores no siempre es el factor más importante que debe analizar; en cambio, debe observar la tasa de participación para ayudarlo a decidir. En la mayoría de los casos, descubrirá que mientras más seguidores un influencer posee, menos participación tiene, lo que indica que más seguidores no siempre significa una mayor interacción.

Al contrario, dado que los seguidores de nicho están conscientes de la identidad de sus influencers, y escogen a quién quieren apoyar y admirar, ellos tienden a tener más fe y lealtad en influencers más pequeños. Ellos sienten que pueden identificarse con ellos y confiar en su juicio. La mayoría de las personas saben que mientras más grande sea la base de seguidores, mayor es el acercamiento de las marcas hacia un influencer, haciéndoles perder su credibilidad y autenticidad en el largo plazo.

Beneficiándose de Micro-Influencers

Aquí hay algunas razones por las cuales en lugar de optar por algunos influencers famosos, debe usar entre 10 y 20 micro-influencers:

- **Mayores Tasas de Participación**

HelloSociety descubrió que los micro-influencers o cuentas con 30 mil o menos seguidores son mucho más beneficiosos para los expertos en marketing. Esto es porque estos influencers tienden a entregar tasas de participación 60 por ciento mayores, ya que su base de seguidores es más pequeña, más involucrada y más leal.

- **Rentables**

Una de las ventajas de usar el marketing de influencers es que es increíblemente económico. De hecho, los influencers son 6,7 veces más económicos que las celebridades, y crean 22 veces más entusiasmo. Esto significa que cada centavo que paga vale la pena, y el retorno de la inversión es realmente alto.

- **Más Económicos**

Ya que los micro-influencers son mucho más económicos, le permiten a su negocio usar varios influencers por el mismo costo que usar uno o dos influencers famosos. Esto le otorga la ventaja de alcanzar a una audiencia más amplia y más precisa, que realmente ayudará a hacer crecer su negocio de manera más efectiva.

- **Contenido Diverso**

Usar varios micro-influencers le permite volverse creativo con su negocio e intentar diferentes estrategias para ver cuál hace más eco con la audiencia. Esto no solo hace que su marca luzca creativa e innovadora, también ofrece al usuario una variedad de contenido para escoger, así como atender a diferentes audiencias. Por ejemplo, puede pedirle a un influencer que publique en sus redes sociales, a otro que haga que su audiencia participe en una campaña, a un tercero que cree contenido en video, y a un cuarto que haga reseñas o pruebe sus productos. Esto le permitirá tener contenido interesante y atractivo, así como hacer que su marca luzca muy expuesta y popular entre la mayoría de los influencers en ese nicho.

• Más Fácil de Alcanzar y Comunicarse

La mayoría de los micro-influencers responderán a sus preguntas mediante redes sociales, en lugar de tener que contratar a una agencia para llegar a ellos. También son menos quisquillosos y más abiertos a varias sugerencias, haciendo mucho más fácil tratar con ellos.

• Mayor Retorno de la Inversión

Como se dijo anteriormente, debido al poder que tienen los influencers sobre su audiencia, pueden dirigirla a su negocio y productos, convenciéndoles de probarlos. Esto significa que cada centavo que gasta en marketing de influencers tiene un mayor retorno, haciéndola una gran táctica de marketing para utilizar.

Si se está preguntando sobre si su negocio debería estar trabajando con influencers, la respuesta es definitivamente "¡Sí!". El marketing de influencers no solo está creciendo, también es extremadamente efectivo, poderoso y útil cuando se trata de llegar a la audiencia precisa que necesita para hacer crecer su negocio. Sin embargo, debe escoger cuidadosamente a los influencers analizando su contenido, seguidores y personalidades para asegurarse que son relevantes para su marca y cumplen con su identidad. Trabajar con influencers también lo ayudará a producir contenido creativo que realmente atraerá a sus consumidores y a diferentes audiencias, lo que le hará crecer su presencia en redes sociales, impulsará sus ventas, aumentará sus seguidores y le traerá clientes leales que crean en su marca y en lo que tiene para ofrecer.

Capítulo 13: Las 7 Mejores Herramientas de Redes Sociales en 2021

Hacer crecer sus redes sociales orgánicamente no es una tarea fácil, pero tampoco es algo imposible. Con las herramientas adecuadas, y una buena comprensión de los diferentes datos que puede usar, usted puede realmente optimizar su contenido para que sea más visible, buscado y útil para su público objetivo. Para lograr esto, aquí hay algunas herramientas para lograr un crecimiento orgánico que puede exportar en 2021:

1. TubeBuddy

Dado que el contenido en video es un punto clave en 2021, debe asegurarse de intensificar su apuesta en YouTube y concentrarse en contenido que sea útil, con gran capacidad de búsqueda y atractivo para una amplia audiencia. Aquí es donde entra TubeBuddy. Esta herramienta le da una ventaja competitiva a su compañía al intentar averiguar qué tipo de contenido crear y optimizar su video para asegurarse que ocupe un lugar destacado en las búsquedas. Si es nuevo en TubeBuddy, verá que hay una versión gratuita y otra pagada. Una vez que haya descargado TubeBuddy, puede elegir cuál funciona mejor para usted revisando las características disponibles, pero siempre es una buena idea probar primero la versión gratuita, y asegurarse que se sienta cómodo con el programa antes de involucrarse por completo. En su mayor parte, la versión gratuita igualmente le permite usar varias funciones importantes, como las siguientes:

Creación de Contenido Valioso

Una de las principales ventajas de usar TubeBuddy es que le ayuda a encontrar contenido con gran capacidad de búsqueda y optimiza sus palabras claves para fines SEO. Supongamos que está en la industria del fitness y se está preguntando qué tipo de contenido debe publicar. Naturalmente, lo primero que se le ocurriría sería algo sobre la pérdida de peso. Para averiguar si este es un tema que vale la pena abordar, puede agregarlo a la barra de búsqueda de TubeBuddy, y se le mostrará con un puntaje de palabra clave que le dará la respuesta. Esto depende en el volumen de búsquedas, determinar si es un tema que es ampliamente buscado, así como la cantidad de competencia existente en términos del contenido existente en ese ámbito.

Cuando el tema es ampliamente buscado y está incluido en mucho contenido que ya ha sido creado, será difícil para su video ubicarse en un lugar destacado y recibir el reconocimiento que merece. En ese caso, no vale la pena abordar ese tema. Sin embargo, TubeBuddy también le brinda búsquedas relacionadas para darle ideas de otros temas. Por ejemplo, una de las ideas que se mostrará en las búsquedas relacionadas será "Cómo perder peso rápidamente sin ejercicio". Al revisar el puntaje de las palabras clave, cambiará de pobre a bueno porque es altamente buscado, pero no hay mucho contenido disponible en este tema en específico, haciéndolo una opción que podría considerar. Esto le ayuda a entender que el contenido que creará se ubicará en un lugar destacado y también será visible para su audiencia. Usted no desea crear contenido que es altamente buscado; usted también quiere que sea visible en la primera página de los resultados de las búsquedas, para que así las personas lo puedan encontrar con facilidad. Así puede decidir si vale la pena o no.

Búsqueda de Palabras Clave

TubeBuddy también le permite buscar qué palabras clave los videos de sus competidores incluyen como etiquetas. De esta manera, puede tener una mejor comprensión de sus propias palabras clave y de cómo optimizarlas para ser su video más visible y con mayor capacidad de búsqueda.

Si busca algún video exitoso con más de un millón de vistas, TubeBuddy no solo le muestra las palabras clave, sino también cómo el video se ubica en cada una de ellas. La razón por la cual esto es útil es porque podría inspirarlo a apuntar a mejores palabras clave buscando qué es lo que sus competidores están usando. Verá que es lo que funciona para ellos y se asegurará que está optimizando sus palabras clave para hacerlas más visibles y estar mejor posicionadas en YouTube.

2. Keywords Everywhere

Keywords Everywhere es un complemento de Google que es una herramienta genial para la optimización SEO. Le ayuda con la búsqueda de palabras clave y es beneficiosa cuando se trata de creación de contenidos. Le otorga ideas de contenidos basadas en las búsquedas más populares.

Supongamos que trabaja en la industria de la moda sustentable y cree crear contenido en torno a ese tema. Si ingresa esa palabra clave, Keyword Everywhere le dará información acerca de cuántas veces esta palabra es buscada por mes, para ayudarle a decidir si vale la pena crear contenido con ella. Esta herramienta también le otorga palabras clave relacionadas y otro contenido que podría interesar a las personas que han buscado moda sustentable, basándose en sus búsquedas. Tener esta información realmente le ayuda a comprender al usuario, sus intereses, y lo que haría que este contenido fuera beneficioso. Al usarlo, puede crear contenido basado en datos que tiene capacidad de búsqueda y asegurarse que su contenido es útil y visible a la audiencia.

3. Flume

Si está buscando algo que haga a Instagram mucho más flexible para las necesidades de su empresa, entonces Flume es algo que debe considerar. Le permite responder mensajes directos directamente desde su computador, para así mejorar su aspecto de mensajería directa en Instagram y estar al día con la interacción de los clientes. A través de las conversaciones destacadas en Flume, puede responder a sus mensajes privados y filtrarlos rápidamente. Puede ver solo los mensajes no leídos, y asegurarse de responder a todos aquellos mensajes a los que no ha respondido aún.

También puede buscar hashtags para entender qué tan importantes son y decidir cuáles incluir en sus publicaciones. Al optimizar sus publicaciones de esta manera, las hará más visibles a una audiencia más amplia. Flume también le hará mucho más fácil crear una conexión con sus seguidores, mantenerse a la vanguardia y responder oportunamente a los mensajes privados.

4. Later

Otra herramienta de Instagram que debe considerar usar es Later. Esta herramienta le permite planificar su feed, programar sus publicaciones y publicar automáticamente, por lo que no tiene que preocuparse de publicar cada cosa por separado. Puede etiquetar personas automáticamente en sus publicaciones, lo que significa que no tiene que estar pegado a su teléfono para usar Instagram. Le permitirá planificar y programar su contenido mientras usa Instagram a su favor.

Características de Comentarios

La versión pagada de Later también le permite responder a comentarios desde su computador, haciendo que la conexión con su audiencia sea más fácil y rápida. Esto es importante porque el algoritmo más reciente de Instagram requiere que esté activo en la sección de comentarios. Mientras más comentarios reciba y escriba, más alcance tendrán sus publicaciones. En consecuencia, esto aumenta sus probabilidades de ser visible en los feeds de otras personas y tener una tasa más alta de participación en sus publicaciones.

La herramienta también le muestra todos los comentarios que ha recibido en diferentes publicaciones para poder responderlos rápidamente, lo que será beneficioso en términos de crecer más rápido y construir una mejor relación con su audiencia.

Herramienta de Instagram Analytics Tool

Con la herramienta de Instagram Analytics de Later, obtendrá un resumen del rendimiento de su cuenta y monitorear sus datos analíticos a través de gráficos útiles. Es verdad, también puede usar la herramienta propia de analítica de Instagram para este propósito, pero la analítica de audiencia en Later ofrece más detalles que pueden ser muy útiles para su negocio. Esto es porque estas le pueden ayudar a descubrir cuáles son los mejores días y horarios para publicar, lo que conlleva a una mayor participación con sus publicaciones. Esta herramienta puede incluso señalar la hora específica en la cual la mayor cantidad de sus seguidores se encuentran en línea, para que pueda publicar en ese momento y maximizar su participación.

Viendo sus datos demográficos y viendo el detalle de su audiencia le permitirá tener una mejor comprensión de cuántos usuarios tiene en cada país, en lugar de solo los cinco primeros, así como los principales idiomas que hablan. Esto le puede ayudar a determinar qué idioma usar en sus publicaciones cuando se dirige a una audiencia específica.

Características de Hashtag

Puede seguir hashtags en Later para ayudarlo a publicar nuevamente contenido de tendencias en diferentes temas, simplemente haciendo clic en ellos y agregándolos a su biblioteca para publicar más tarde.

Si busca programar sus historias y buscar hashtags, también podrá hacer eso en Later. Puede hacer clic en sugerencias de hashtag, ingresar una palabra clave, y se le dará una lista de hashtags populares que son relevantes a esta palabra clave.

5. Datos Analíticos Propios

Una de las herramientas clave que debe usar este año son sus propios datos analíticos. Cada plataforma tiene su propia herramienta de analítica que le ayuda a tener una mejor comprensión del rendimiento de sus publicaciones. También le brindan información detallada acerca de su audiencia, para que pueda optimizar su contenido de manera adecuada. Por ejemplo, en Instagram, si se dirige al menú de obtener información y se desliza hacia arriba, verá incluso más datos recolectados por Instagram. Puede saber cómo las personas descubrieron su publicación, y si lo siguen o no, también puede saber de dónde vienen, y también determinar si su estrategia de hashtags está funcionando o no. Si muchas personas no lo están siguiendo o lo han encontrado a través de sus hashtags, es una gran señal de que sus hashtags están funcionando.

Otra ventaja de usar los datos analíticos es que le ayuda a analizar su contenido y ver cómo ha rendido cada publicación. Puede tener una comprensión del alcance de cada publicación, cuántas visitas a su perfil y likes ha recibido, cuál es su nivel de participación, etc. Esto le ayuda a entender qué contenido ha sido más exitoso y atractivo, otorgándole una idea de qué es lo que funciona para su marca. Obtener un resumen de otras cosas como el número de veces que una publicación se ha guardado y clics en su sitio web, así como qué publicaciones han hecho que la gente visite su perfil o generado clics en su sitio web, también será beneficioso para obtener una perspectiva de cuál contenido funciona mejor con su audiencia.

6. Anchor

Si bien el contenido en video llegó para quedarse, muchas personas también están recurriendo al contenido en audio, ya que no siempre les resulta posible sentarse y ver un video. Esa es la razón por la cual los podcasts se están volviendo extremadamente populares, y son uno de los canales que su negocio debe hacer crecer durante este año. Anchor es la herramienta que debe usar para averiguar cómo usar los podcasts y tener una solución todo en uno para comenzar, así como obtener distribución en iTunes y Spotify. El marketing de voz será enorme en 20201, y es una estrategia clave que puede usar para llegar a una audiencia más amplia.

7. Quora

Si su negocio está basado en contenido, entonces Quora es una herramienta esencial que debe aprovechar para entender qué preguntas están haciendo las personas dentro de su nicho. También ayuda a identificarlo a usted y a su negocio como un líder en el ámbito respondiendo esas preguntas. No solo eso, sino también puede tomar dichas respuestas y transformarlas en contenido inmediato publicándolas en su blog, o creando un video sobre ellas. Quora le dará ideas frescas en creación de contenido, así como asegurar que está abordando asuntos que le provocan curiosidad a las personas.

Usar estas herramientas a favor de su negocio será una movida extremadamente efectiva. Le permitirán usar importantes datos y crear contenido visible y optimizado. De esta manera, su contenido tendrá un buen posicionamiento y llegará a una audiencia más amplia. Haciendo que su negocio crezca rápida y orgánicamente.

Capítulo 14: El Futuro del Marketing en Redes Sociales

Las redes sociales están en constante cambio; apenas cree que ya lo sabe todo, las plataformas actualizan sus algoritmos, y comienza nuevamente desde cero. Es por eso que debe permanecer actualizado, siempre averiguando más información que puede implementar, y estar dispuesto a probar nuevas estrategias y tácticas para asegurarse que sus redes sociales no están pasadas de moda. Para ayudarle a hacer esto, aquí hay algunos consejos que puede implementar para mantenerse al día:

Concéntrese en la Participación de los Usuarios

En un día cualquiera, es probable que sus publicaciones en redes sociales lleguen al 1 por ciento de sus seguidores. Si bien ese número puede parecer pequeño, puede cambiar su perspectiva e intentar aprovechar ese 1 por ciento. Si comienza a poner atención en quién realmente lee sus publicaciones e interactúa regularmente con ellas, puede construir sobre ello y formar una relación cercana con aquellas personas. Como negocio, puede hacer esto respondiendo siempre a sus comentarios, o incluso contactándolos y dándoles un descuento por ser considerados clientes leales. Construir relaciones y participación con sus usuarios a un nivel personal es el futuro de las redes sociales, y es lo que lo diferenciará de una inteligencia artificial, la cual no podrá atender los comentarios y las respuestas para satisfacer las reacciones y características de cada usuario. Usar esta táctica es una excelente manera de convertir esos clics e interacciones en conversiones.

Construya Relaciones

Otra forma de participación de los usuarios que es esencial para el presente y el futuro del marketing en redes sociales es crear contenido que realmente conectará al usuario con su marca en lugar de concentrarse en ser promocional. Nadie va a las redes sociales para que se le vendan cosas, y es por eso que su contenido debe concentrarse en construir relaciones en lugar de vender productos. Mientras más fuerte sea el lazo, mayor será la probabilidad de conversión, pero es importante concentrarse en crear ese lazo en primer lugar. Si crea contenido que es útil, emocionante o gracioso sin el interés de vender, un usuario estará más predispuesto a darle like, comentar o compartir sus publicaciones, permitiéndole a su contenido llegar a una audiencia más amplia.

Sin embargo, también es útil entender que una publicación puede viralizarse basándose en los comentarios reales que son visibles en ella. No se trata solo de likes o la cantidad de veces que ha sido compartido; la mayor fuerza está en los comentarios que van y vienen. Por eso siempre es importante darles a los usuarios algo para responder para mantener la conversación fluyendo. Mientras más comentarios reciba una publicación, más probable es que ese Facebook o Instagram mostrará la publicación a otras personas. Pero este no es el único beneficio. Nuevamente, también estará construyendo una relación en el proceso y haciendo que los usuarios se sientan más conectados con su marca.

Cree Sus Propios Influencers

Si bien el marketing de influencers aún está en alza, su éxito podría ser temporal. Por esa razón, como negocio, debe estar preparado para tener sus propios influencers. Esto significa que tiene que mirar su propia red, ver quién tiene influencia, y aprovecharlo a su favor. Sus trabajadores, seguidores, e incluso su gerente podría tener algún poder que debe usar. Mientras más conectada a la marca esa persona esté, más poder tendrá cuando se trata de llegar a la audiencia. En lugar de buscar a personas con una gran cantidad de seguidores, comience a buscar dentro de su propia red a quienes estén continuamente en las redes sociales, que tengan la habilidad de construir relaciones virtuales y participar con sus usuarios, y usarlos como el rostro y la voz de la compañía. Los usuarios quieren sentir una conexión individual con un negocio, y por eso la marca personal es un ámbito enorme y exitoso que las compañías deben aprovechar desde una perspectiva diferente. Usar la voz de aquellos dentro de su empresa, y quienes están familiarizados con su marca, agrega una enorme cantidad de autenticidad a su negocio, en lugar de usar las mismas estrategias y tácticas que usan todos los demás.

Aproveche el Marketing Multicanal

Ya no es suficiente estar solo en una plataforma. Para incrementar su calificación y tráfico, debe compartir en diferentes plataformas, dirigirse a diferentes audiencias, y guiándolas hacia sus sitios web. Mientras más tráfico tenga, más alta será la probabilidad de obtener conversiones, haciendo todo esto más beneficioso para un negocio. Sin embargo, no es una buena idea compartir el mismo contenido en diferentes canales, especialmente cuando el contenido no encaja con la identidad o estrategia de una plataforma específica. Por ejemplo, si quiere difundir un artículo, compartirlo en su cuenta de Instagram con una captura de pantalla del titular será bastante inútil, ya que el usuario no se esforzará en buscar el título. Sin embargo, si lo comparte en sus historias con un enlace de deslizar hacia arriba, podría ser útil. Se dará cuenta de que apostar por el marketing multicanal hará que su costo por clic baje, ya que le ayuda a mejorar sus números en todas las plataformas.

Concéntrese en el Marketing de Contenidos

Si bien muchas personas han dejado de leer, tener su propio contenido en su blog o sitio web sigue siendo extremadamente ventajoso, y es probable que se mantenga así en el futuro. Eso es porque el contenido dirigirá a los usuarios hacia sus productos, y puede ser usado como una herramienta para generar conversiones a través de la optimización de motores de búsqueda. Puede usar más de una herramienta de publicidad para atender a diferentes tipos de personas a través de los anuncios de Google, Facebook y SEO.

El contenido también le permitirá aprovechar varios mercados que no han sido usados y le ayudará a obtener muchos beneficios, como las traducciones. En lugar de crear nuevo contenido, su negocio puede decidir apuntar a una audiencia diferente traduciendo el contenido existente en un idioma que no implique tanta competencia como el inglés. De esa forma, usará a las personas que buscan esa información, quienes se familiarizarán con lo que tiene para ofrecer solo porque no tienen suficientes recursos disponibles en su propio idioma. Aprovechar un mercado con una audiencia sólida le permitirá dominarlo rápidamente, mantener la estabilidad por un largo tiempo y generar más ingresos.

Utilice Métricas de Usuario para Vencer a Google

Probablemente hay mucho contenido que su negocio publica sin mucho resultado. En lugar de tirarlo y considerarlo inútil, puede intentar vencer a Google con sus propias reglas. En la mayoría de los casos, encontrará que la razón por la cual sus publicaciones no rindieron bien fue porque no estaban optimizados con las palabras clave necesarias para ser visibles en Google. ¿Y qué significa esto? Significa que tiene la oportunidad de transformar contenido inútil el contenido ganador haciendo solo unos pocos cambios.

Todo lo que debe hacer es buscar palabras clave que tengan un porcentaje de clics inferior al 5 por ciento, y páginas que tengan un porcentaje de clics inferior al 4 por ciento, y asegurarse que las palabras clave que evalúa estén en la etiqueta del título. así como dentro del contenido mismo. Una vez que haya hecho esos cambios, hará que Google vuelva a rastrear su sitio y su porcentaje de clics se disparará. Para tener la ventaja, debe usar números relacionados a listas y palabras clave como "cómo hacer, gratis, tú, publicación de blog, por qué, mejores, trucos y genial". El siguiente paso es esperar un mes hasta que Google tenga la oportunidad de difundir sus publicaciones a quienes las buscan, y luego verá sorprendentes resultados. Entender al usuario y qué es lo que busca es la clave para ganar en todas las plataformas.

Recuerde la Importancia de la Marca

La marca no solo se usa para identificar sus productos o servicios, también es beneficiosa para ayudarlo a hacer crecer su marca con propósitos de marketing. Esto es porque mientras más grande sea la marca, más probable es que su contenido se viralice. Para reducir las noticias falsas, la mayoría de las redes sociales determinan la autenticidad basándose en el tamaño. Por lo tanto, si tiene un gran número de seguidores, es más probable que su contenido sea real, haciéndolo más visible que el de compañías pequeñas en el mismo mercado. Esa es la razón por la cual concentrarse en hacer crecer su propia marca y presencia en redes sociales con contenido atractivo, sin la única intención de vender, le ayudará a sus números a crecer, a medida que la audiencia se interesa más en su contenido. También hay varias herramientas que puede usar para hacer crecer su marca, que parecen estar aquí para quedarse en el futuro, como marketing por email, notificaciones push, o una combinación de ambas.

No se Restrinja a los Métodos de Tráfico Convencionales

Si bien las ventanas emergentes, cuestionarios y boletines siguen siendo útiles para un negocio, no son suficientes para mantenerse a la vanguardia. Mire alrededor suyo, y notará que debido a que todos usan esas tácticas, ya no son efectivas. Para destacar y ofrecer algo diferente y más poderoso, debe brindar a cada usuario una experiencia personalizada.

El futuro del marketing de redes sociales tiene que ver con la personalización. Su valor como experto en marketing se definirá según su habilidad de ofrecer una experiencia personalizada, ya que será capaz de leer a diferentes usuarios y adaptarse de manera independiente a cada uno. Si bien existen muchas herramientas de análisis de datos, la mayoría no considera las diferencias humanas. Hacer esto le dará una ventaja sobre los sistemas automatizados que recorren el mercado e intentan tomar su lugar. Una de las herramientas más útiles que tiene a su alcance son los chats. Es probable que hablarle a un cliente, construir una conexión, y adaptarse a lo que quieran, se transforme en una conversión. De hecho, actualmente el chat es responsable por el 28 por ciento de las ventas, y es por eso que mientras más personalización y autenticidad pueda brindar, más alta será su cantidad de conversiones.

Piense Como un Ganador

Observando a algunas de las personas más exitosas del mundo, se dará cuenta de que la razón por la cual alcanzaron su real potencial fue que tenían a alguien que los guio por el camino, además, nunca se rindieron. No basta con seguir las tendencias porque cambian constantemente. Para ser exitoso, debe pensar como un ganador, y estar siempre dispuesto a adquirir nueva información, probar diferentes fórmulas, y abrirse a nuevas abiertas que puedan mantenerlo en la cima. Si bien algunas podrían no resultar útiles, podría encontrarse estableciendo una nueva tendencia y aprovechándola antes que cualquier otra persona llegue y coseche los beneficios. Además, no tiene que gastar una fortuna para ganar conocimiento nuevo; hay mucha información gratuita disponible, esperando que usted se beneficie de ella.

Debe enfrentar la realidad de que el marketing nunca se detiene. Lo que funciona hoy no necesariamente funcionará mañana, y el mejor enfoque es siempre mantenerse probando y aprendiendo para prepararse para el futuro. Es probable que sea bombardeado con mucha información, que posiblemente lo abrumará, pero mientras pruebe una cosa nueva a la vez, siempre será parte del cambio.

Conclusiones

Gracias por llegar hasta el final de este libro. Debió haber sido informativo y haberle brindado todas las herramientas que necesita para lograr sus metas.

El siguiente paso es implementar las lecciones, consejos y sugerencias importantes que aprendió. Recuerde que ganar conocimiento es el paso más importante para establecer su negocio. Sin embargo, el cómo aplicar lo aprendido es lo que determinará si finalmente es exitoso.

Por lo tanto, continúe aprendiendo, consulte con otros en la industria, esté atento a los nuevos desarrollos, y manténgase siempre atento y positivo.

¡Buena suerte promoviendo su negocio en el mundo de las redes sociales!

Finalmente, si encontró este libro útil de cualquier forma, una reseña en Amazon es siempre apreciada.

Vea más libros escritos por Chase Barlow

MARKETING PARA
INSTAGRAM

Los Secretos para Usar Esta Plataforma de
Redes Sociales en su Marca Personal, para el
Crecimiento de su Negocio y Conectar con
Influenciadores que Harán Crecer su Marca

CHASE BARLOW

Recursos

https://www.contentfac.com/9-reasons-social-media-marketing-should-top-your-to-do-list/

https://www.oberlo.com/blog/social-media-marketing-statisticsht

https://www.smartinsights.com/social-media-marketing/social-media-strategy/new-global-social-media-research/

https://www.business2community.com/social-media/where-social-media-is-headed-in-2020-02266862

https://influencermarketinghub.com/social-media-trends/

https://www.socialmediatoday.com/news/6-key-social-media-trends-to-watch-in-2020/568481/

https://www.entrepreneur.com/article/343863

https://www.business2community.com/social-media/social-media-marketing-how-to-create-a-strong-personal-brand-02250816

https://thenextscoop.com/amazing-tips-help-personal-brand-grow-social-media/

https://blog.hootsuite.com/target-market/

https://promorepublic.com/en/blog/10-ways-find-audience-social-media/

https://devrix.com/tutorial/tips-grow-audience-stand-out-social-media/

https://www.lyfemarketing.com/blog/best-social-media-platforms/

https://buffer.com/library/social-media-sites

https://blog.hootsuite.com/how-to-advertise-on-facebook/

https://www.unboxsocial.com/blog/youtube-marketing-strategy2020/

https://www.youtube.com/watch?v=H3sIHuMMZec

https://www.youtube.com/watch?v=Ysm6CjDuKHs

https://digitalagencynetwork.com/best-twitter-marketing-strategies-to-use-in-2019/

https://blog.hootsuite.com/twitter-marketing/

https://coschedule.com/blog/how-to-use-instagram-stories/

https://later.com/blog/instagram-shopping/

https://www.youtube.com/watch?v=Q_xz4FMlljs

https://moosend.com/blog/snapchat-for-business/

https://www.entrepreneur.com/article/338115

https://shanebarker.com/blog/rise-of-influencer-marketing/

https://www.youtube.com/watch?v=popowMuKyjY

https://www.youtube.com/watch?v=vqd2pzP5cjw

https://www.youtube.com/watch?v=3frb1JFzEKE

https://www.netbase.com/blog/social-media-tools-2020/

Neil Patel: https://www.youtube.com/watch?v=bGQG_-OG6fs

Carlos Gil: https://www.youtube.com/watch?v=apmIEnJIOm8

Frazer Brookes: https://www.youtube.com/watch?v=LL5b4p3TXL8

www.ingramcontent.com/pod-product-compliance
Lightning Source LLC
Chambersburg PA
CBHW031418180326
41458CB00002B/426